本丛书由澳门基金会策划并资助出版

澳门研究丛书 MACAU STUDIES

澳门研究丛书 MACAU STUDIES

澳门特别行政区
立法会产生办法研究

A Study on the Method for the Formation of the Legislative
Assembly of the Macau Special Administrative Region

王 禹 沈 然／著

社会科学文献出版社
SOCIAL SCIENCES ACADEMIC PRESS (CHINA)

澳門基金會
FUNDAÇÃO MACAU

序一

澳门立法会产生办法是澳门特别行政区政治体制的重要组成部分。澳门回归以来，根据《澳门基本法》及其相关附件的规定，澳门特别行政区第一届立法会有议员 23 人，其中直选议员 8 人，间选议员 8 人，委任议员 7 人；第二届立法会有议员 27 人，其中直选议员 10 人，间选议员 10 人，委任议员 7 人；第三届和第四届立法会均为 29 人，其中直选议员 12 人，间选议员 10 人，委任议员 7 人；第五届立法会有议员 33 人，其中直选议员 14 人，间选议员 12 人，委任议员 7 人；第六届及以后各届立法会的产生办法如果没有做出进一步修改，则按照第五届立法会的产生办法执行。澳门立法会议员由直接选举、间接选举和委任三种方式产生，这是 1976 年澳门组织章程制定以来的制度传统，符合澳门社会的实际情况，是澳门特别行政区行政长官制政治体制的重要组成部分。

澳门立法会议员为什么由直接选举、间接选举、委任三种形式产生，而这一产生办法为什么与香港有所不同？这既是一个理论问题，也是一个实践问题。有必要紧密联系澳门的实际情况，从《澳门基本法》的立法原意、立法会产生办法与推进特别行政区民主政治发展的关系，以及澳门回归以来的选举实践等方面加以深入研究和阐述。目前一些专家学者虽然在这方面做了一些工作，但仅取得零散成果，且缺乏足够深度。因此，亟须加强对这一问题的研究，并形成更为系统、更具深度的研究成果，以适应形势的发展。

本书由王禹先生和沈然先生两人合作完成。两位作者在查阅和梳理有关立法会产生办法的研究资料的基础上，走访社会人士，了解澳门社会对立法会产生办法的一般看法和争议的焦点。通过反复讨论和多次修改，积极探索，最终完成定稿。本书共分为八章。前四章讨论立法会三种组成结构的合法性、正当性和必要性；第五章到第七章分别讨论直接选举制度、间接选举制度和委任议员制度及其实践运作过程中出现的问题；最后一章是总结，在维持三种组成结构的前提下，提出进一步完善相关制度的意见和建议。全书既有理论论证，也有实践分析，是一项比较难得的研究成果。

现在，本书经过进一步修改，终于在社会科学文献出版社出版。作为课题的组织者，我非常高兴看到此成果的公开出版。

是为序。

李向玉

序二

　　沈然先生和王禹先生从 2015 年 5 月起开始进行"澳门立法会产生办法的研究"课题研究工作，到 2016 年 4 月形成了研究报告，经过多次修订，现在终于交付出版社出版。我非常高兴看到这一研究成果的公开发表，并与关注澳门政治发展的读者分享。

　　本书立足《澳门基本法》的规定，运用中国宪法精神和西方民主理论，通过对澳门立法会在特别行政区政治体制中地位和性质的深入分析，对澳门立法会产生办法与西方民主制度的比较，以及对澳门立法会产生办法历史形成过程、回归前后实践情况的分析论证，有力说明澳门特别行政区立法会由直选、间选和委任议员构成的产生办法符合澳门社会实际情况，具有合法性、正当性和必要性，应当长期坚持。更重要的是，作者理论有机联系实际，论证理据十分充分。本书的后四章侧重于实务方面的分析，以三章的篇幅分别分析直接选举制度、间接选举制度和委任议员制度及其实践，最后一章提出对完善直接选举制度、间接选举制度和委任议员制度的思考、意见和建议。

　　本书有不少理论创新之处。比如，作者在论证立法会三种组成结构时指出以下四点：（1）澳门立法会是澳门特别行政区政治体制的重要组成部分，是澳门特别行政区唯一的立法机关，是特别行政区的民意代表机关和代议机关，是地方立法机关。立法会议员有明确的职责和某些特权，立法会议员应具备必要的政治资格、法律资格和道德资格。（2）立法会功能和议员的职责、资格要求，决定了必须有与之相匹配的产生办法。立法会产生办法是优秀人才的选拔机制，也是居民政治参与的途径。（3）在政治人才产生机制上，有国家政治人才选拔和地方政治人才选拔之别。在西方实行选举制度的国家，国家最高领导人和民意代表主要通过选举产生。国家层面的选举，其核心是对政权的争夺，是对政权合法性的投票肯定。由于选举是 49% 必须服从 51%，事实上有很高的社会成本。地方民主与国家民主有很大的不同，地方的权力本身是中央授予的，主要是通过选举选出更优秀和更合适的人才担任地方领导和政治职位。因此，地方层次的政治人才选拔制度比国家层次的制度更具灵活性。《澳门基本法》和基本法附件二规定的澳门特别行政区立法会产生办法，以及澳门本地的相关法律规定的是地方政治人才的产生办法。说明这一点，对今后政治发展的讨论有重要的指向价值。（4）民主的形式是多样的。同为西方国家的选举，由于不同的历史和不同的文化背景，其形式则有所不同，民主的多样性在国际法上有明确的确认。澳门立法会产生办法有自己的特点，是符合民主发展规律的。澳门立法会产生办法体现了《中葡联合声明》的精神实质，是竞争民主和协商民主的统一，是民主发展性和民主稳定性的统一。这些观点和理论论证有助于我们进一步深入理解和正确认识立法会三种组成结构的正当性、必要性和合法性。

又如，本书在探讨立法会直接选举制度、间接选举制度和委任议员制度时指出以下四点。（1）澳门立法会直接选举制度的价值取向是：参与的广泛性、选人的竞争性和选举活动的公平性。回归后的直接选举，呈现选团板块化、选团基础多样化、政纲效应置后化和政治选择与情感因素相交织等特点。（2）澳门立法会间接选举制度的价值取向是：体现均衡参与原则，尊重澳门社团文化现实，减少对抗性竞争。回归后，间接选举呈现界别内参与度较高、选举目标较为集中等特点。（3）澳门立法会由行政长官委任部分议员制度的价值取向是：弥补选举的不足，吸纳和培养人才，促进特别行政区政府体制的良性运作。回归后，行政长官委任部分议员的实践呈现注重委任议员的社会影响力、注重委任议员的专业性、与直接选举和间接选举有机配合等特点。（4）目前澳门立法会产生过程中存在一些值得注意和研究的问题。直接选举方面值得进一步关注的问题主要是错位代表性问题、攻击抹黑问题和贿选问题；间接选举方面反映出的问题主要是选举竞争性不够、界别划分不严谨和由间接选举产生的议员结构上不够合理；委任议员方面值得进一步探讨的问题主要是委任议员的标准问题、行政长官委任议员的辅助机制问题和委任议员的代表性问题。这些分析、意见和建议有助于我们进一步改进目前直接选举制度、间接选举制度和委任议员制度，有较强的现实针对性和实践意义。

本书最后指出，在当前形势下，应当遵循《澳门基本法》的规定，以科学的态度来审视立法会产生办法。完善立法会产生制度重点不应放在调整直接选举、间接选举、委任议员的相互比例关系上，而应放在完善各项具体制度上，也就是说，要在保持澳门立法会产生办法合理框架的基础上，稳步推进相关制度的改进与完善。这与我们多年前的观点不谋而合。（1）完善立法会直接选举制度，当前重点应在增强选举的公正性方面，包括代表的公平性和选举过程的公平性。可研究推进选团改革、探讨细分选区、加强对选举活动的监管。（2）完善立法会间接选举制度，当前重点应在增强选举的竞争性方面。可研究进一步完善确认法人选民基础、进一步科学划分界别、进一步扩大参与机会。（3）完善行政长官委任立法会部分议员的制度，当前重点应在增强这项工作的规范性和透明度上。可研究进一步侧重委任面、增加透明度、完善辅助机制。这些意见和建议充分体现出作者对澳门立法会选举制度的长期考察和思考，体现出作者的研究功力，符合澳门政治社会运作的实际情况，并且有较高的对策意义和可操作性。

本书对澳门特别行政区将来民主政治建设和选举制度完善进行了有益的初步探索，不仅对立法会选举制度多年的实践进行了较为系统客观的总结，既肯定其优点和成绩，又直面存在的问题与缺陷，带给我们很多新的启发，也为以后的研究打下了坚实的基础。我很高兴能提前阅读本书，并郑重向读者推荐。我认为，本书有相当的实践意义和理论价值，并期待带动更多的研究成果问世，以促进立法会选举制度的日臻完善，促进政治社会运作及其程序更加公正、公平与透明。

是为序。

吴志良

目　录

第一章　澳门立法会产生办法的功能和使命

立法会产生办法，顾名思义，就是立法会产生的规则和方式。澳门特别行政区立法会产生办法是特别行政区政治体制的有机组成部分，它服从和服务于特别行政区政治体制的运作。

根据宪法和《澳门基本法》确立的澳门特别行政区制度，澳门特别行政区实行行政主导的政治体制。这一政治体制决定了澳门立法会的性质和地位，从而从根本上决定了澳门立法会产生办法的功能和使命。

一　澳门立法会是澳门特别行政区政治体制的重要组成部分

（一）澳门特别行政区政治体制的特点

澳门特别行政区作为直辖于中央人民政府的地方行政区域，在中央人民政府授权下，实行"澳人治澳"，高度自治。在特别行政区的管理架构上，设立既对中央人民政府负责又对特别行政区负责的行政长官，设立分别履行行政管理、立法和司法职能的行政机关、立法机关、司法机关，使行政与立法互相配合又互相制约，确保司法独立。这套政治体制既不同于原来在澳门实行的总督制，也不同于内地的人民代表大会制度，而是保留和吸收了原来在澳门实行的总督制和西方三权分立体制的一些合理成分，在遵循宪法关于中央与地方相互关系原则的基础上所创制的一套新的政治体制。

这是一种以行政为主导的政治体制。所谓行政主导，是指在行政与立法的关系中，行政长官的法律地位比立法机关的法律地位要高一些，行政长官的职权广泛而且大一些，行政长官在特别行政区政治生活中起主要作用。[1]这种政治体制也可以称为行政长官制[2]，具有以下三个特点。

1. 行政长官具有双重法律地位，既是特别行政区的地区首长，又是特别行政区的行政首长

澳门特别行政区是我国的一个具有高度自治权的地方行政区域，直辖于中央人民政府。行政长官作为特别行政区的地区首长，代表澳门特别行政区，行政长官作为特别行政区的行政首长，领导特别行政区政府。[3]行政长官的这种双重法律地位，是由澳门特别行政区的法律地位决定的。第一，澳门特别行政区实行高度自治，而澳门特别行政区与中央人民政府的关系是一种地方与中央的关系，这就需要有一个地位在行政机关、立法机关和司法机关之上的地区首长，代表澳门特别行政区与中央人民政府进行联系，协调澳门特别行政区内部的社会关系和各种工作；第二，澳门特别行政区在中央人民政府授权下享有处理一定对外事务的权力，并能够以"中国澳门"的名义单独地同世界各国、各地区以及有关国际组织保持和发展关系，签订和履行有关国际协议，这就需要行政长官作为澳门特别行政区的代表，进行各种礼仪性和实质性活动；第三，为保证《澳门基本法》在澳门特别行政区的正确实施，落实对澳门特别行政区的有效管理，必须将一定实权赋予行政长官，让其领导特别行政区政府，负责执行基本法和其他适用于澳门特别行政区的法律。

行政长官的这种双重法律地位，决定了行政长官具有广泛的职权：①执行基本法和依照基本法适用于澳门特别行政区的其他法律；②签署立法会通过的法律，制定行政法规并颁布执行；③领导澳门特别行政区政府，决定政府政策，发布行政命令；④提名并报请中央人民政府任命政府

---

[1]　肖蔚云：《论香港基本法》，北京大学出版社，2003，第829页。

[2]　肖蔚云主编《论澳门特别行政区行政长官制》，澳门科技大学，2005，第1～22页。

[3]　《澳门基本法》第45、62条。

主要官员和检察长，委任部分立法会议员，任免行政会委员，依照法定程序任免各级法院院长、法官、检察官和公职人员；⑤执行中央人民政府就基本法规定的事务发出的指令，代表澳门特别行政区政府处理中央人民政府授权的对外事务和其他事务；⑥其他职权，如依法颁授澳门特别行政区奖章和荣誉称号，依法赦免或减轻刑事罪犯的刑罚；等等。①

2. 行政长官在整个政治体制中居于核心地位并主导政治体制的运作

行政长官的双重法律地位，决定了行政长官在整个特别行政区的政治体制中居于核心地位并主导政治体制运作。行政长官的权力涉及行政管理、立法和司法方面。在行政管理方面，行政长官提名并报请中央人民政府任命政府主要官员，组成澳门特别行政区政府并领导政府，任免公职人员，行政长官直接掌握并行使中央人民政府授予的行政管理权，决定政府决策，发布行政命令。在立法方面，行政长官不再享有立法权，也不兼任立法会主席，但立法会通过的法案必须经行政长官签署后才能生效，行政长官还在立法工作中承担着提出法案的重要责任，有关公共收支、政治体制或政府运作的议案，只能在行政长官签署后由政府向立法会提出；议员若提出涉及政府政策的议案，在提出前必须得到行政长官的书面同意。司法方面，行政长官根据法官推荐委员会的意见任命法官，并从法官中选任法院院长，行政长官提名并报请中央人民政府任命检察长，并根据检察长的提名任命检察官；行政长官还有权依法赦免或减轻刑事罪犯的刑罚。按照基本法的规定，设立澳门特别行政区行政会这一协助行政长官决策的机构，行政会的委员由行政长官从政府主要官员、立法会议员和社会人士中委任；等等。

行政与立法既互相配合又互相制约且重在配合，是澳门特别行政区政治体制的重要指导思想。澳门是我国的一个享有高度自治权的地方行政区域，实行资本主义制度和生活方式，为了维护国家的主权、安全和发展利益，保持澳门特别行政区的长期繁荣稳定，因此不能实行以立法为主导，更不能突出政党政治，而应当突出行政主导，在行政与立法互相制约的基础上讲求行政与立法的互相配合。如果一味地讲求权力的互相制约，而不讲求权力的互相配合，就会导致政局不稳，不利于"一国两制"事业的顺利发展。如

---

① 王叔文主编《澳门特别行政区基本法导论》，中国人民公安大学出版社，1994，第241页。

《澳门基本法》规定行政长官有权将立法会通过的法案发回重议,如果立法会再次以 2/3 多数通过原案,行政长官则必须签署或解散立法会;立法会有权拒绝通过政府提出的财政预算案,或行政长官认为关系到澳门特别行政区整体利益的法案,亦有权解散立法会;但是,行政长官在其任期内只能解散立法会一次。这其中就体现了在行政与立法互相制约的基础上讲求行政与立法互相配合,且重在配合的精神。

《澳门基本法》设计的司法独立是在澳门特别行政区行政长官制这一政治体制下运作的:①澳门特别行政区各级法院法官,根据当地法官、律师和知名人士组成的独立委员会的推荐,由行政长官任命;②澳门特别行政区各级法院院长由行政长官从法官中选任;③只有在法官无力履行其职责或其行为与所任职务不相称的情况下,行政长官才可根据由终审法院院长任命的不少于 3 名当地法官组成的审议庭的建议,予以免职,其中法官的免职由行政长官根据由立法会议员组成的审议委员会的建议决定;④终审法院法官和院长的任命和免职,由行政长官上报全国人大常委会备案;⑤法院对国防、外交等国家行为无管辖权,法院在审理案件中遇有涉及国防、外交等国家行为的事实问题时,应取得行政长官就该等问题发出的证明文件,上述文件对法院有约束力,行政长官在发出证明文件前须取得中央人民政府的证明书。①

3. 行政长官实行双重负责制,既向中央人民政府负责,也向澳门特别行政区负责

回归前澳门实行总督制,总督是除法院外葡萄牙政府在澳门地区的总代表。葡萄牙政府通过总督对澳门实施管治。总督由葡萄牙共和国总统任命并授予职权,对总统负责。总督的任期法律没有规定,一般是和葡萄牙总统的任期一致。未经葡萄牙总统事先同意,总督不得离开澳门前往其他地区。总督由葡萄牙委派,并仅对葡萄牙总统负责,而不对其管治下的当地居民负责,这是总督制的根本特点。澳门回归后,行政主导的政治体制与回归前的总督制有很多不同。

按照行政主导的政治体制,行政长官既对中央人民政府负责,又对澳门特别行政区负责。行政长官对中央人民政府负责,体现在以下五个方面:

---

① 《澳门基本法》第 19、50、87、88 条等。

①必须宣誓效忠中华人民共和国及澳门特别行政区，拥护并执行基本法；②必须执行中央人民政府就基本法规定的有关事务发出的指令等；③必须为中央人民政府管理与澳门特别行政区有关的防务和外交事务提供支持；④必须尽忠职守地维护国家的主权、统一、安全和发展利益；⑤必须就基本法的执行情况和特别行政区重大事项向中央人民政府进行述职、报告；等等。行政长官对澳门特别行政区负责，则体现在以下三个方面：①廉洁奉公，尽忠职守地为澳门特别行政区及居民服务，对澳门特别行政区居民负责；②领导好特别行政区政府，处理好高度自治范围内的事务，致力于维护澳门社会的稳定和发展，对澳门特别行政区的稳定和发展负责；③行政长官本人和其所领导的特别行政区政府要执行立法会通过并已经生效的法律，定期向立法会做施政报告，答复立法会议员提出的质询等。澳门立法会有权对有严重违法或渎职行为的行政长官提出弹劾案，以及在一定条件下迫使行政长官辞职。①

（二）澳门特别行政区的政治体制是地方性政治体制

澳门特别行政区政治体制的设计首先体现国家主权原则。澳门特别行政区是直辖于中央人民政府的地方行政区域，地方行政区域的政治体制必然属于地方性政治体制。澳门特别行政区政治体制的地方性政治体制特点在多个方面有深刻体现。

第一，澳门特别行政区的高度自治权来源于中央人民政府授权。政治体制是为管理公共事务而制定的一系列取得权力、运用权力以及限制权力的规则总和。② 权力的来源在根本上决定着权力的运用及其限制问题。澳门特别行政区的权力并非澳门特别行政区本身所固有，而是中央授予的。《澳门基本法》明确指出了这种权力的来源，即中华人民共和国全国人民代表大会授权澳门特别行政区实行高度自治，享有行政管理权、立法权、独立的司法权和终审权，并规定澳门特别行政区还可以享有全国人民代表大会、全国人民代表大会常务委员会或中央人民政府授予其的其他权力。③ 行政长官制是在中央授权的基础上运作的。

---

① 《澳门基本法》第 71 条第 7 项和第 54 条。
② 高金海、曹玉海：《当代西方政治制度》，中共中央党校出版社，1998，第 1 页。
③ 《澳门基本法》第 2 条和第 20 条。

第二，澳门特别行政区享有的高度自治权是有限的。澳门特别行政区的政治体制仅限于对本地内部事务实行高度自治，高度自治不是"完全自治"①，中央保留着国防、外交以及其他不属于高度自治范围的权力。澳门特别行政区立法会不能对有关国防、外交和其他不属于自治范围的事务进行立法。澳门特别行政区法院只能管辖澳门特别行政区内部的法律案件，而对国防、外交等国家行为无管辖权。因此，行政长官制是在权力有限的范围内运作的。

第三，澳门特别行政区既没有"自组织权"，也不能自行组织政府。所谓"自组织权"，是指"以本已法律规定本身组织之权"。②《澳门基本法》是由全国人大制定，而非由澳门自行制定，澳门特别行政区的政治体制由中央通过基本法确定，而非澳门本地自行确定。行政长官在当地通过选举或协商产生后，由中央人民政府任命③；政府主要官员和检察长由行政长官提名，由中央人民政府任命，中央人民政府根据行政长官的建议，免除政府主要官员和检察长的职务；终审法院法官和院长由行政长官依照法定程序进行任命和免职，并报全国人大常委会备案。④

第四，中央对澳门特别行政区实行高度自治有监督的权力和职责。澳门特别行政区政治体制在其内部建立权力监督机制，如行政主导、行政与立法既互相配合又互相制约、司法独立就是这些监督机制的表现原则，然而澳门特别行政区还受到中央的监督。这是由澳门特别行政区的权力来自中央授权这一原理所决定的。《澳门基本法》由国家最高权力机关制定，并且只有国家最高权力机关才享有基本法的修改权，中央负有保证《澳门基本法》在澳门特别行政区正确实施的职责。这些监督机制主要有：①《澳门基本法》规定行政长官负责执行基本法，并对中央人民政府负责，⑤ 并在此基础上建立起行政长官向中央述职的制度。②澳门特别行政区的财政预算和决算报中央人民政府备案。③澳门立法会制定的法律须报全国人大常委会备案。全国人大常委会在征询其所属的澳门基本法委员会的意见后，如果认为特别行政

---

① 邓小平：《中国大陆和台湾和平统一的设想》，1983 年 6 月 26 日会见杨力宇的谈话要点。
② 参考王世杰《比较宪法》，商务印书馆，1929，第 614 页。
③ 《澳门基本法》第 45、47 条和第 50 条第 12 项。
④ 《澳门基本法》第 50 条第 6、10 项和第 87 条。
⑤ 《澳门基本法》第 45 条及第 50 条第 2 项。

区立法机关制定的任何法律不符合基本法关于中央管理的事务及中央和特别行政区关系的条款，可将有关法律发回，但不做修改。经全国人大常委会发回的法律立即失效。该法律的失效，除特别行政区的法律另有规定外，无溯及力。① ④澳门法院在全国人大常委会授权下有权解释基本法，但如果特别行政区法院在审理案件时需要对本法关于中央管理的事务或中央和特别行政区关系的条款进行解释，而该条款的解释又影响到案件的判决，在对该案件做出不可上诉的终局判决前，应由终审法院提请全国人大常委会对有关条款做出解释。如果全国人大常委会做出解释，特别行政区法院在引用该条款时则应以全国人大常委会的解释为准。但在此之前做出的判决不受影响。②

因此，澳门特别行政区的行政长官制是从属于整个国家政治制度，是在整个国家政治制度的框架内运作的。《澳门基本法》设计的政治体制首先是一种地方政治体制。这就从根本上决定了立法会产生的方式和原则。

（三）澳门立法会是澳门特别行政区政治体制的重要组成部分

政治体制是政权的组织形式、活动原则及其各种政治权力互相运作的关系，亦即行政机关、立法机关和司法机关等在运作过程中所必须遵循的制度和机制。其基本内容包括：①行政、立法和司法等政权机关的职权范围；②行政、立法和司法等政权机关的关系；③行政、立法和司法等政权机关的产生方式。

澳门特别行政区政治体制是澳门特别行政区行使中央授予的高度自治权的制度载体和制度保障。《澳门基本法》第四章以"政治体制"为标题，规定了行政长官、行政机关、立法机关、司法机关、市政机构、公务人员和宣誓效忠等内容，规定了各种政权机关的法律地位、性质、职权及其相互关系，确立了以行政长官为权力核心的适合澳门实际情况的澳门特别行政区政治体制。《澳门基本法》对澳门立法会的性质、地位、作用、产生、组成、职权、议事规则、议员的资格丧失等问题等做了明确规定，《澳门基本法》附件二对立法会产生的具体办法做了明确规定。澳门立法会是澳门特别行政区政治体制的重要组成部分。

《澳门基本法》第 67 条明确规定，澳门特别行政区立法会是澳门特别

---

① 《香港基本法》第 17 条和《澳门基本法》第 17 条。
② 《香港基本法》第 158 条和《澳门基本法》第 143 条。

行政区的立法机关。这就明确指出了立法会的性质和地位是立法机关，负责制定、修改、暂停实施和废除澳门特别行政区的法律。法律是一种由规则组成的体系，经由政权机关施以强制力量，设定权利和义务，规定"这可以做"或"这不可以做"，"这是你的权利"或"这不是你的权利"，通过规范个人行为，达到管理社会的目的。澳门特别行政区立法会负责制定法律，形成澳门特别行政区的法律体系，设定澳门居民的权利和义务，澳门特别行政区的行政机关负责执行法律，澳门特别行政区的司法机关根据立法会制定的法律裁定法律纠纷，从而构成完整的法治系统。

回归前，澳门立法会只能就专属澳门且不属于葡萄牙主权机构的事项进行立法，葡萄牙宪法规定了专属葡萄牙主权机构的事项，包括人的身份、司法制度和刑事立法等。而《澳门基本法》第18条规定，除了有关国防、外交和其他不属于特别行政区自治范围内的事项外，澳门立法机关均享有立法权。澳门特别行政区立法会有权制定和修改涉及刑法、民法、商法、刑事诉讼法、民事诉讼法等各方面的法律，既可制定单行性法律，也可制定法典性法律。回归前，澳门立法会是一个在殖民统治下与行政机关分享立法权的机构，并不享有专属立法权；回归后，澳门立法会则成为一个在高度自治下享有专属立法权的立法机构。① 联邦制国家的宪法通常规定联邦具有立法权，而在单一制国家，宪法也对中央的立法权做出了明确规定。一般来说，属于联邦或中央的专属立法权包括：①财政、贸易，包括发行货币、管理关税、征税、国家信用借款、国外贸易、州际商务、粮食贸易等；②经济，包括工业资产的法律保护，原子能立法，管理联邦铁路与航空，管理中央管辖的水道和航运，邮政，电信，征用土地的原则，防治污染的立法等；③民事立法、刑事立法和治安；④联邦国籍；⑤度量衡、历法；⑥涉外事务，包括外交，与外国宣战、媾和或订立同盟、条约等。② 澳门立法会的立法权远远超过上述内容。

澳门特别行政区政治体制是高度自治和"澳人治澳"的制度保障，因此立法会产生办法必须体现高度自治和"澳人治澳"的精神。高度自治首

---

① 王叔文主编《澳门特别行政区基本法导论》，中国人民公安大学出版社，1994，第263～264页。

② 马怀德主编《中国立法体制、程序与监督》，中国法制出版社，1999，第24页。

先是依法自治，"澳人治澳"首先是民主治澳，但无论是依法自治还是民主治澳，都离不开澳门立法会的有效运作。立法是汇集和整合民意的过程，立法权是一项反映和代表民意的政治权力，立法会产生办法是广大澳门居民通过民主程序治理澳门的制度保障。

二　澳门立法会的性质和地位

（一）澳门特别行政区的唯一立法机关

关于立法机关，理论上有广义、中义和狭义之分。广义的立法机关，是指一切有权制定、认可、修改、解释、补充或废止法律的国家机关、组织和个人。根据这个定义，其制定的法律包括一切具有法律效力的规范性文件。其主体不仅包括议会这样的立法机关，也包括行政机关和通过判例及司法解释来创制法律的司法机关，甚至还包括政党等某些政治组织，以及作为最高统治者的君主。中义的立法机关，是指有权制定、认可、修改、解释、补充或废止法律的国家机关，这就排除了作为独立立法主体的社会组织和个人。不过，这个定义既包括了作为立法机关的议会，也包括了行政机关和司法机关。狭义的立法机关，是指制定、修改和废除狭义意义上法律的国家机关，在绝大多数情况下就是指代议机关。① 宪法学上所指的立法机关，通常就是指这种狭义的立法机关。如我国宪法规定全国人民代表大会及其常务委员会行使国家立法权，日本宪法规定国会是最高国家权力机关，是国家唯一的立法机关。②

澳门回归前采用双轨立法体制。《澳门组织章程》规定立法职能由总督和立法会行使，③ 立法权由立法会和总督分享，总督有权制定与立法会法律具有同等效力的法令。但总督的立法权在这种双轨立法体制中起主导作用：①凡未保留给葡萄牙立法机关和澳门立法会的事宜皆由总督立法；②凡立法会和总督均可立法的事项，总督皆可自行立法；③即使是立法会的有关立法

---

① 李步云主编《宪法比较研究》，法律出版社，1998，第756页。
② 《日本国宪法》（1946年）第41条。
③ 《澳门组织章程》第4条。

事项，也可以授权总督立法；④若立法会被解散，其立法权归属总督行使；⑤绝对属于立法会的立法事项仅限于立法会本身的制度，包括选举、内部组织和议员制度等。① 1976～1999 年，由立法会通过的法律共计 340 部，由总督制定的法令共有 1783 部，立法会通过的 340 部法律中，约有 36 部为授权法。总督还有权制定训令，其中包括"为在本澳生效但欠缺规章的法律或其他法规制定规章"，1976～1999 年，总督制定的训令共有 6611 条。② 《澳门基本法》第 67 条规定，澳门特别行政区立法会是澳门特别行政区的立法机关。这就明确了澳门特别行政区的立法权专属于澳门特别行政区立法会，立法会是澳门特别行政区唯一的立法机关，行政长官不再有权制定具有与法律同等效力的法令，行政长官制定的行政法规低于立法会通过的法律。③

澳门特别行政区第 13/2009 号法律《关于订定内部规范的法律制度》规定，法律应有确定、准确和充分的内容，应清楚载明私人行为应遵守的法律规范、行政活动应遵循的行为规则，以及对司法争讼做出裁判所应依据的准则，并规定下列事项须由法律予以规范："（一）《基本法》和其他法律所规定的基本权利和自由及其保障的法律制度；（二）澳门居民资格；（三）澳门居留权制度；（四）选民登记和选举制度；（五）订定犯罪、轻微违反、刑罚、保安处分和有关前提；（六）订定行政违法行为的一般制度、有关程序及处罚，但不妨碍第七条第一款（六）项的规定；（七）立法会议员章程；（八）立法会辅助部门的组织、运作和人员的法律制度；（九）民法典和商法典；（十）行政程序法典；（十一）民事诉讼、刑事诉讼和行政诉讼制度和仲裁制度；（十二）登记法典和公证法典；（十三）规范性文件和其他须正式公布的文件格式；（十四）适用于公共行政工作人员的基本制度；（十五）财政预算和税收；（十六）关于土地、地区整治、城市规划和环境的法律制度；（十七）货币、金融和对外贸易活动的法律制度；（十八）所有权制度、公用征用和征收制度；（十九）《基本法》赋予立法会立法权限的其他事项。"④ 这就说明了澳门立法会是真正具有广

---

① 《澳门组织章程》第 11、30～31 条。
② 《有关完善立法会选举制度的分析研究》，澳门特别行政区廉政公署，2006，第 6～8 页。
③ 有关澳门行政法规与法律的关系讨论，可参考王禹编《法律、法令与行政法规讨论文集》，濠江法律学社，2012。
④ 澳门特别行政区第 13/2009 号法律《关于订定内部规范的法律制度》第 6 条。

泛立法权的立法机关。

立法权是指立法机关制定、修改和废除法律的权力。有一种意见认为，立法权是指立法机关的权力，不仅包括立法机关制定、修改和废除法律的权力，而且包括立法机关的其他职权，如预算监督、人事同意、弹劾和质询等权力。[①] 这种意见是不对的，这就将立法会的立法权和立法会的其他职权混为一谈。《澳门基本法》第 71 条第 1 项规定，澳门立法会制定、修改、暂停实施和废除法律，这就明确指出了澳门立法会的首要职权就是立法权。

（二）澳门特别行政区的民意代表机关

澳门特别行政区立法会不仅是立法机关，也是澳门特别行政区的民意代表机关。《澳门基本法》从这种民意代表机关的性质出发，对立法会的职权做了明确规定。

第一，行政长官领导下的政府须依法从多方面对立法会负责。澳门回归前长期实行的总督制政治体制是建立在殖民统治的基础上的，总督直接对葡萄牙总统负责。《澳门组织章程》没有规定总督或其领导下的行政当局向立法会负责的条款。《澳门基本法》规定行政长官除对中央人民政府负责外，还必须对澳门特别行政区负责。以行政长官为行政首长的澳门特别行政区政府必须执行立法会通过并已生效的法律，定期向立法会做施政报告，以及答复立法会议员的质询。[②] 但立法会没有对政府主要官员投不信任票的权力。

第二，澳门立法会有权审核、通过政府提出的财政预算案；审议政府提出的预算执行情况的报告；根据政府提案决定税收，批准由政府承担的债务；听取行政长官的施政报告并进行讨论；就公共利益问题进行辩论；接受澳门居民申诉并做出处理；等等。

第三，澳门立法会有提出行政长官弹劾案的权力。如果澳门立法会全体议员 1/3 联合动议，指控行政长官有严重违法或渎职行为而不辞职，经立法会通过决议，可委托终审法院院长负责组成独立的调查委员会进行调查。调查委员会认为有足够证据构成上述指控，且立法会以全体议员 2/3 多数通

---

①　吴大英、任允正、李林：《比较立法制度》，群众出版社，1992，第 265 页。
②　《澳门基本法》第 65 条。

过，则可提出弹劾案，报请中央人民政府决定。①

第四，在一定条件下，澳门特别行政区立法会可迫使行政长官辞职。这是《澳门基本法》设计的行政与立法互相制约的重要机制。《澳门基本法》规定行政长官在一定情况下可以解散立法会：①行政长官拒绝签署立法会再次通过的法案；②立法会拒绝通过政府提出的财政预算案或行政长官认为关系到澳门特别行政区整体利益的法案，经协商仍不能取得一致意见。② 而被解散后重选的立法会，在一定的条件下可以迫使行政长官辞职：①因两次拒绝签署立法会通过的法案而解散立法会，重选的立法会仍以全体议员 2/3 多数通过所争议的原案，而行政长官仍拒绝签署；②因立法会拒绝通过财政预算案或关系到澳门特别行政区整体利益的法案而解散立法会，若重选的立法会继续拒绝通过有争议的原案，行政长官则必须辞职。③

（三）地方性的立法机关和地方性的民意机关

澳门立法会是地方性立法机关和地方性民意机关，这是由澳门特别行政区政治体制是地方政治体制的基本特性所决定的。澳门特别行政区的立法权并非本身所固有，而是全国人大授权其行使的；澳门特别行政区立法会的立法权不是无限的，不能对国防、外交和其他不属于其自治范围的事务进行立法；澳门特别行政区立法会制定的法律须报全国人大常委会备案，全国人大常委会若在一定条件下将其发回，该法律则立即失效。

澳门立法会有权就公共利益问题进行辩论。这里的公共利益，就是指本地的公共利益。立法会通过的财政预算案，须由行政长官上报中央人民政府备案。立法会有权提出对行政长官的弹劾案，但弹劾案通过后，须报中央人民政府决定。澳门特别行政区立法会议员必须宣誓拥护《中华人民共和国澳门特别行政区基本法》，效忠中华人民共和国澳门特别行政区。除此之外，立法会主席还必须宣誓效忠中华人民共和国。④

行政与立法既互相配合又互相制约是《澳门基本法》起草政治体制条

---

① 《澳门基本法》第 71 条第 7 项。
② 《澳门基本法》第 52 条。
③ 《澳门基本法》第 54 条。
④ 《澳门基本法》第 2、17、18 条，第 50 条第 3 项，第 71 条第 7 项以及第 101、102 条等。

文的重要指导思想。① 在澳门特别行政区的政治体制中，行政与立法既互相配合又互相制约，而且重在配合。② 这不仅体现了澳门特别行政区政治体制属于地方政治体制的特点，而且体现了澳门立法会属于地方性立法机关和地方性民意机关的性质。

三 澳门立法会产生办法的功能和使命

（一）选拔合适的民意代表

澳门立法会是澳门特别行政区的立法机关，负责制定、修改、暂停实施和废除法律，并代表社会议决财政、监督政府。议员是代表全体市民参政议政的政治人物。他们既应具有为市民服务和报效社会的政治抱负，还应具有一定的社会亲和力和社会领导能力。这就要求必须有一个适当的产生办法，以便能够选出具有社会代表性的、最宜承担立法会议员职责的人士进入立法会从事立法工作。

议员应当是社会精英，应当具备古典政治哲学里所说的才智和美德。麦迪逊（James Madison，1751～1836）指出，共和政体下当选的议员应当具有能"辨识国家的真实利益"的智慧，"他们的爱国热情，他们对正义的热爱，不可能为了眼前的利益或部分人的利益，牺牲国家利益和正义"，"人民代表所表达的大众愿望很可能比人民自己的声音更符合公共利益"。③ 密尔（John Stuart Mill，1806～1873）在其著作《代议制政府》中认为，代议制是理想中最好的政府形式，"使社会中现有的一般水平的智力和诚实，以及社会中最有智慧的成员的个人的才智和美德，更直接地对政府施加影响"。④ 这里所说的"一般智力和诚实"者，是指普通市民，而社会中最有智慧

---

① 姬鹏飞：《关于〈中华人民共和国澳门特别行政区基本法草案〉和有关文件及起草工作的说明——1993年3月20日在第八届全国人民代表大会第一次会议上》，全国人大常务委员会公报，1993。

② 肖蔚云：《论澳门基本法》，北京大学出版社，2003，第83～85页。

③ 〔美〕亚历山大·汉密尔顿（Alexander Hamilton）、詹姆斯·麦迪逊（James Madison）、约翰·杰伊（John Jay）：《联邦论：美国宪法述评》，尹宣译，译林出版社，2010，第63页；〔美〕汉密尔顿、杰伊、麦迪逊：《联邦党人文集》，程逢如、在汉、舒逊译，商务印书馆，1980。

④ 〔英〕J. S. 密尔：《代议制政府》，汪瑄译，商务印书馆，1982，第22～24页。

者，是指选出的议员。密尔同时还指出，代议制政府有两个缺陷和危险：①立法机关智力条件不足，即议员的无知和无能；②立法机关受到和社会普遍福利不同的利益的影响。第一个缺陷和危险导致立法机关不能有效行使其监督和制约职能，第二个缺陷和危险导致"阶级立法"。这两个缺陷和危险，应该说在不同的国家和地区所建立的立法机关中都有不同程度的存在。

立法会不仅由能够代表他人参与政治决策和政治监督的社会精英人士组成，而且其本身体现了广泛代表性的要求。代表性有两种基本的表现形式：一是地域代表性。"每个地区，无论是城市、乡村、省或者选区，在立法机关都有其选出来的，并对本地区负责的代表。"[①] 二是职业代表性。这是指职业团体，企业，行业协会如工会、商会、农会、教育工会、律师工会、医师工会等作为选举代表的基本单位，使每一种职业在立法机关里都有其代表。

立法会产生办法应当体现立法会的广泛代表性。这种广泛代表性在本质上是由立法会的职能决定的，是指在有一定社会身份和社会功能缩影的基础上兼顾社会各个界别的均衡参与。所谓社会身份缩影，是指既然社会上有男女之分，有老年人和年轻人之分，那么立法会中应当既有男性议员，也有女性议员，既有年纪较大的议员，也有年轻的议员。所谓社会功能缩影，是指社会各个阶层可以划分为不同的功能界别，如果法律界是社会功能的一部分，那么代表中应该有法律界人士。[②]

立法会是澳门特别行政区的立法机关，具有澳门社会民意代表机关的性质，社会上不同阶层、不同界别和不同利益团体都应当有一定的代表参加立法会，即"立法机关应在某种程度上是'社会的一面镜子'，不论是看起来，还是在感觉上、想法上、行动上，都能反映人民的整体意愿。一个对社会描述充分的立法机关应该具备能反映男人与女人、年轻人与老人、富人与穷人意愿的代表，并能表达社会中拥有不同宗教信仰，使用不同语言的小区以及不同族群的声音"。[③] 立法会产生办法既要考虑公平性，也要

---

① 安德鲁·雷诺兹（Andrew Reynolds）、班·莱利（Ben Reilly）、安德鲁·埃利斯（Andrew Ellis）：《选举制度设计手册》，商务印书馆（香港）有限公司，2013，第14页。
② 参考《什么叫做广泛代表性》，http：//www.douban.com/note/269839951/。
③ 安德鲁·雷诺兹（Andrew Reynolds）、班·莱利（Ben Reilly）、安德鲁·埃利斯（Andrew Ellis）：《选举制度设计手册》，商务印书馆（香港）有限公司，2013，第14页。该书作者将其称为"描述性代表性"。

考虑各种身份的人都有一定比例，方方面面都要兼顾；既要保证澳门社会中优秀的合适的人才参与立法会，也要保证选出不同界别和不同阶层的人士组成立法会。

（二）　实现居民的民主参与

澳门回归，结束了葡萄牙对澳门长期的殖民统治，中国人在自己的土地上当家做主。《澳门基本法》规定了澳门居民享有参与政治的广泛民主权利。这些民主权利包括参加行政长官选举、参加立法会选举及担任政府公职，以及以各种方式参与讨论公共事务等。选举是当代民主政治的要素。参加立法会选举及当选为立法会议员，是澳门居民参与政治生活的重要途径。

《澳门基本法》第 26 条明确规定："澳门特别行政区永久性居民依法享有选举权和被选举权。"澳门永久性居民依法享有选举权和被选举权，是指依法选举立法会议员及被选举为立法会议员，参加行政长官选举及被选举为行政长官候任人。这里的选举权和被选举权，既可以通过直接选举制度行使，也可以通过间接选举制度行使；既可以通过地域代表制的形式行使，也可以通过职业代表制的形式行使。

关于选举权的性质，宪法学理论上主要有以下几种观点。①固有权利说。这种观点认为，选举为公民的一项当然享有的固有权利，既非法律所赋予，也非法律能剥夺。因此，应当实行无限制的广泛的普遍选举，除不能表达自己意志或明显有碍公共秩序者，选举权不得被限制；公民有行使选举权的绝对自由，有投票和不投票的自由。②社会义务说。这种观点认为，在当代民主政治体制下，选举是宪法上产生立法机关和通过其他选举产生政权机关的制度和方式，也是宪法为实现国家目的而赋予公民的社会职务和社会责任。因此，法律可以基于社会利益而规定选民行使选举权的相当资格，对选举权做出必要的限制，如国籍、年龄、居住期限和住所等；公民负有选举投票的义务，不得放弃和转让。③权利义务说。这种学说认为，选举权具有权利和义务的双重性质，是法律赋予公民的一项权利，并非公民本身所固有，法律可以对公民的选举权做出资格限制；然而，此项权利是为了公共利益而设定的，具有"社会职务"的性质，参加选举是公民执行社会公益的行为，国家在必要时可以禁止其任意放弃。[①]许多国家和地区建立选举制度就是以权利义务说为理论基础的。澳门特别行政区第 12/2000 号法律《选民登记法》第 2 条规定，凡具有选举资格的自然人或法人，均有权利和公民义务做选民登记；《澳门特别行政区立法会选举法》第 95 条规定，"选举是一项权利和公民义务"，不仅指出选举是一项基本权利，还强调选举是一项公民义务。不过，《澳门特别行政区立法会选举法》没有规定放弃投票者的法律责任。

立法会产生办法不仅要保证广大澳门居民的民主参与，还要保证澳门居民的均衡参与。均衡参与是指澳门各届立法会在实现民主权利的过程中应当有所平衡，既不能缺乏某种社会群体，也不能使某种社会群体过分参与和主导特别行政区的民主政治。均衡参与就必须兼顾社会各界别、各阶层的利益。澳门是一个实行资本主义制度和生活方式的微型社会，劳工阶层或低收入人士为大多数，其利益必须得到照顾和重视。同时，工商金融界、专业中产人士和各行业代表在资本主义经济和社会结构中起着举足轻重的作用，都必须有适当且必要的政治参与。

（三）满足立法会行使职能需求

澳门特别行政区立法会是澳门特别行政区的民意代表机关和代议机关，也是澳门特别行政区唯一的立法机关。这就决定了立法会的职能主要包括立法职能和监督职能。立法职能是澳门立法会的首要职能。立法会有权就澳门特别行政区自治范围内的任何事宜制定、修改、暂停实施和废除法律。《澳门基本法》对法律议案的提出、审议、表决和生效做了明确规定。议员和特别行政区政府都有权向立法会提出法案。然而，两者提案的范围不同：特别行政区政府可以提出澳门特别行政区高度自治范围内的所有法案，而议员不能提出涉及公共收支、政治体制或特别行政区政府运作的议案，议员在提出涉及特别行政区政府政策的议案时，必须得到行政长官的书面同意。[②] 立法会的监督职能通常意义上是指立法会对特别行政区政府的施政方针和日常

---

① 参见王世杰、钱端升《比较宪法》，中国政法大学出版社，1997，第 134～135 页；胡锦光、韩大元主编《中国宪法发展研究报告（1982～2002）》，法律出版社，2004，第 174 页；赵向阳《澳门选举制度》，社会科学文献出版社、澳门基金会，2013，第 4～6 页；等等。
② 《澳门基本法》第 75 条。

工作进行监督，使其施政结果达到预定目标。这包括：①审核通过特别行政区政府提出的财政预算案；②审议特别行政区政府提出的预算执行情况报告；③根据特别行政区政府提案决定税收，批准由政府承担的债务；④听取施政报告并进行辩论；⑤质询；⑥就公共利益问题进行辩论。

立法会要有效行使上述两种职能，首先就要对立法会议员的组成提出内在的结构性要求，即立法会议员必须具备代表性、专业性和社会认受性。议员的代表性，是指立法会议员是社会利益的代表者，代表社会各界的意志和利益制定法律，监督政府。议员就像一个中间人，一头连着特别行政区的政府机关，另一头连着澳门广大居民。立法权以及落实立法权的运作规则只能在人民的参与和同意中才能获得合法性来源和正当性基础。[①] 议员的专业性，是指立法会议员必须具备进行立法的知识、能力和技巧。立法本身就是制定、修改和废除法律的具有专业性和技术性的活动。立法是由特定主体即立法机关所进行的专有活动。其他任何组织、团体和个人，非经立法机关授权都不得进行这项活动。议员的社会认受性，是指立法会议员本身被社会民众认可的程度。立法会无论是制定法律还是监督政府，其本身都是社会利益协调和社会利益博弈的过程。这就要求议员本身应当具备社会认受性。社会认受性建立在议员具有充分代表性和足够专业性的基础上，如果缺少社会认受性，就会使议员在履行议员职责时遭到社会的漠视，不能与社会密切互动、沟通，立法会的职能也就无法有效行使。这也就要求立法会必须从制度上保证产生具有充分代表性、足够专业性和社会认受性的立法会议员。

"一国两制"的宗旨是在维护国家主权、安全和发展利益的前提下保持特别行政区长期的繁荣稳定。澳门特区行政区立法会是澳门特别行政区政治体制的重要组成部分，同特别行政区其他政府机构一道，肩负着维护国家主权、安全、发展利益和澳门特别行政区长期繁荣稳定的政治责任。澳门特别行政区立法会无论是在行使立法职能的过程中还是在行使监督职能的过程中，都必须服务于"一国两制"这个最根本的宗旨。澳门特别行政区立法会产生办法必须满足于立法会职能的充分实现，从而服务于"一国两制"的宗旨。

---

① 黄洪旺：《公众立法参与研究》，福建人民出版社，2015，第123页。

第二章　澳门立法会产生办法的演进过程

澳门立法会由直接选举、间接选举和委任三种方式产生的办法，有着自身的演进逻辑，与世界各地政治人才选拔机制和近代以来立法机关的组成规律是一脉相承的。它吸收借鉴了回归前相关制度的合理成分，注意从澳门实际出发，具有鲜明的"一国两制"条件下的地方民主制度的特色。

一　近代以来立法机关组成的不同形式

（一）政治人才产生机制的历史演变

政治人才选拔机制的功能是选出优秀的政治人才从事政治活动。所谓"徒法不足以自行"[1]，讲的就是，如果所用的人并非合适的人、优秀的人，则很难达到政治治理的良好效果。"为政之要，惟在得人。用非其才，必难致治。"[2] 发现、选拔、培养和使用优秀政治人才，是政治体制有效运作的基本前提，也是获得良好政治的关键所在。

自国家产生以来，逐步形成了多种政治人才产生办法。

---

[1]　《孟子》。

[2]　（唐）吴兢：《贞观政要·崇儒学》。

1. 世袭

在古代，王位是世袭的。除王位外，国家的重要官职亦采用世袭制，即实行官位世袭，如从商周到先秦时期实行的"世卿世禄制"。商鞅变法时开始废除世卿世禄制。自汉朝开始，官职不许世袭，然而爵位可以世袭。

2. 抽签

抽签是古希腊雅典产生官职的民主形式。除军事职位和需要巨额费用的文官职位外，参议员、法官以及其他职位用抽签的方式选举。其程序先是候选人自荐，并经过评判人鉴定。孟德斯鸠就认为，"抽签是不使任何人感到苦恼的选举方式。它给每一个公民以一种为祖国服务的合理愿望"。[①]

3. 推荐

隋唐以前，我国主要实行在一定推荐基础上进行官职任命的制度，主要有三种形式。①乡举里选制。即官员根据乡间民间的舆论，有责任定期或不定期地向君王推荐可以担任官职的德才兼备的贤能之士。[②] 先秦时期，这是对"世卿世禄制"的一种补充。②察举征辟制。两汉时期，地方或中央官员依据规定的标准，定期按人口比例向皇帝推荐可以做官的人才，或根据皇帝临时特殊的需要，选拔推荐所需的人才。在推行上述荐举方式时，有时还辅以"策试"以衡量被推荐者的才能，作为授官的依据。③九品中正制。魏晋南北朝时期，政府设置被称为"中正"的官员，负责对本地域有资格做官的人，依据德才表现，定期评定他们的等级或升降原评定的等级。选官部门则依据这种评定结果挑选任用官员。

4. 考试

隋唐以后，我国实行科举制度，通过考试来确定做官的资格。科举制度延续了1300多年，至明清时达到相当完备的程度。通过层层考试，被最终录取者获得担任官职的资格。至于是否可以立即授予官职，或授予何种官职，则通过铨选来确定。西方的公务员制度就是在参考我国科举制度的基础上建立起来的。凡是进入公务员队伍的，都要经过公开考试竞争，考试的形式包括笔试、品行测试、经历测评、实际操作，合格者还要参加面试，然后按照得分高低排序以备录用。

---

① 〔法〕孟德斯鸠：《论法的精神》，张雁深译，商务印书馆，1959，第13页。
② 胡盛仪、陈小京、田穗生：《中外选举制度比较》，商务印书馆，2000，第2页。

5. 招聘与招募

在西方现代公务员制度下，普通公务员通过考试来确定，而其高级文官，如事务次官、特种文官、外交官，以及专业人员，研究机关的专业技术官员等，往往有特殊的学历和资历要求，因而通常通过招聘与招募的方式予以补充。

6. 政治委任

古代社会实行君主专制，委任官员是君主的专属权力。在古代中国，自秦朝建立中央集权的大一统国家后，地方官吏如郡守和县令，皆由皇帝委派。在英国，文官制度建立以前，官吏被称为"国王的仆人"，其俸禄由王室宫廷支付，其衣食如同其权力一样，都来自国王。① 在现代政治体制下，政务官或重要的政治职位都是采用政治委任的方式。

7. 选举

古希腊和古罗马在实行民主政治时，有过一些简单的选举机制。近代以来，在人民主权和三权分立的理论指导下，各国都普遍建立了立法机关，作为专门行使立法权的机关，议员选举成为当代政治体制中的重要制度。除少数国家外，许多国家都废除了君主世袭制度，由公民投票选举产生国家元首。世界各国、各地区的选举制度都经历了一个从限制选举制度到普遍选举制度的发展过程。

从古代到现代，这些政治人才的产生办法，有以下几个特点。

第一，平等担任官职和选拔贤能之士，是贯穿整个政治人才产生机制历史演变过程的两条主线。我国古代社会经历了从世袭到荐举再到科举的探索过程，西方主要经历了从世袭到政治委任再到选举的探索过程。无论是科举还是选举，都是"举"，一个是在科目方面，一个是在选票方面，两者都讲求竞争，讲求程序的严格性和公正性。科举是读书人在文化方面"多少分"的竞争，选举是候选人在选票方面"多少张"的竞争。

第二，古代社会实行的是君主专制，任命政治官吏属于君主的专属权力，其办法有世袭、君主根据自己的意志直接委任和在一定推荐和考试的基础上实行委任等。只有到了近代，担任公职才从由一个人决定、由少数人决定逐渐转变为由多数人决定，政治职位的世袭制度在大多数国家被废除，民主选举就是在这个过程中产生的。

---

① 宋玉波：《民主政制比较研究》，法律出版社，2001，第 136 页。

第三，到了近代社会，政治人才类型中出现了一种特定的类型：民意代表。民意代表的出现，与当代政治体制的特点是分不开的。将国家机构体系划分为立法机关、行政机关和司法机关等，是当代政治体制的特点。不同的机构体系采取不同的产生办法。立法机关主要采取选举的方式产生民意代表；在行政机关工作的人员分为政务官和事务官，政务官的选用采取政治委任的方式，事务官的选用主要采取公务员考试的方式。司法机关负责裁定法律纠纷，强调专业性，在大陆法体系下通过选举产生，经过严格的考试后通过政治委任产生，而在英美法体系下，主要是从有丰富经验的律师里选拔。通过选举产生民意代表，是当代政治生活的重要内容，也是民众行使民主权利的重要途径。

（二）近代以来立法机关组成的不同形式

从世界范围来看，近代以来的立法机关可以分为两院制议会和一院制议会，其民意代表机构成员的产生办法主要有以下几种。

1. 实行两院制，两院议员全部由选举产生

美国和日本的两院制议员均由选举产生。美国参议员由各州议会选出，每州 2 名，任期 6 年，每 2 年改选 1/3；众议员由各州按照人口比例选出，任期 2 年，期满后全部改选。日本众议院议员选举每 4 年举行 1 次，参议院共有 242 个议席，议员任期 6 年，每 3 年改选 1/2。

2. 实行两院制，下院议员由选举产生，上院议员全部由任命产生

德国实行两院制，下院议员由选民直接选举产生，上院称为联邦参议院，由各州任免的州政府成员组成。每个州依其人口多寡，可分得 3～6 席。这些代表通常包括 16 个邦的邦总理。加拿大实行两院制，参议院议员由总督以女王的名义随时任命和召集，起初有 72 名，现在增加到 104 名，宪法规定不得超过 113 名，参议院没有实权，参议员服职到 75 岁退休。

3. 实行两院制，下院议员由选举产生，上院议员采用混合方式产生

混合方式类型较多，主要有以下几种。①部分议员由任命产生，部分议员由世袭产生。如英国上院，称为贵族院，其议员不是由选举产生，而是由王室后裔、世袭贵族、法律贵族、家权贵族、终身贵族、苏格兰贵族、爱尔兰贵族、离任首相组成，无任期限制。②部分议员由选举产生，部分议员由任命产生。如俄罗斯的上院称为联邦委员会，共有 166 名议员，每个联邦主体有 2 名议员，由当地行政长官任命 1 名议员，任期与其本人任期相同，以及当地立法机构选举产生 1 名议员，任期与立法机构任期相同；马来西亚实行两院制，上院称为参议院，由各州各选举的 2 名议员以及由最高元首任命的 44 名议员组成。[①] ③以选举为主，部分由任命产生。如塔吉克斯坦实行两院制，其上议院 3/4 议员由间接选举产生，1/4 议员由塔吉克斯坦总统任命。[②] ④以选举为主，部分由任命产生，部分为当然担任产生。如意大利参议院共有议员 315 人，另设少量终身参议员；总统可以任命在社会、科学、艺术和文学方面以杰出成就为祖国增加荣誉的 5 位公民为终身参议员；[③] 意大利总统卸任后，如果不放弃担任参议员的权利，则为终身参议员。

4. 实行一院制，其议员全部由选举产生

韩国实行一院制，其议会共有 300 个议席，每届任期 4 年。其中 246 个席位通过简单多数制选举产生，其余 54 席通过比例代表制选举产生。

5. 实行一院制，其议员以选举产生为主，部分议员由当然担任产生

科威特国民议会有 50 名议员，以秘密、直接、公开的方式选举产生，未当选国民议会议员的大臣被视为议会的当然议员。[④] 如尼加拉瓜的国民大会由 90 名议员组成，由选民选举产生；另外，经直接选举产生的上一任总统和副总统，分别作为正式议员和候补议员，参加总统竞选得票第二的总统候选人和副总统候选人，亦分别作为正式议员和候补议员。[⑤]

6. 实行一院制，其议员以选举产生为主，部分议员由任命产生

新加坡实行一院制，其国会议员由民选议员、非选区议员和官委议员组成。其中，非选区议员从得票率最高的落选反对党候选人中任命，且须在选区中获得至少 15% 的选票，其人数一般为 3 名，顶限为 6 名；官委议员是由总统委任的非民选议员，以反映独立人士和无党派人士意见，最多不超过 9 名。又如，卡塔尔的协商议会由 45 名议员组成，其中 30 名议员通过选举产生，其余 15 名议员由国家元首埃米尔从各部大臣或其他人中任命产生。[⑥]

---

① 《马来西亚联邦宪法》第 45 条。
② 《塔吉克斯坦共和国宪法》第 49 条。
③ 《意大利共和国宪法》第 59 条。
④ 《科威特国宪法》第 80 条。
⑤ 《尼加拉瓜共和国政治宪法》第 132 条。
⑥ 《卡塔尔国永久宪法》第 76 条。

7. 实行一院制，其议员以任命产生为主，部分议员由选举产生

文莱宪法规定，立法院由不多于 45 人的议员组成，其中 30 名议员由国家元首苏丹任命产生，另外 15 名议员由苏丹从根据文莱相关选举法选举出来的人中决定。

上述立法机关的几种不同的产生方式，无论是采用全部由选举产生，还是采取以选举为主，辅以任命、世袭和当然担任等制度，其目的应该都是一样的，即根据本国、本地区的具体历史情况以及政治格局的现实需求，努力选拔出合适的民意代表出任立法机关议员，使其代表人民行使立法权并监督政府。

二　回归前澳门立法会产生办法的历史演变

（一）1976 年前的历史演变

1822 年葡萄牙颁布的第一部宪法明确将澳门列为葡萄牙海外领土的组成部分。然而，澳门本身没有立法权及本地法规，必须适用葡萄牙的法律体系。1838 年，葡萄牙宪法赋予总督紧急立法权，由于出现了被滥用的情况，这一权力旋即被收回。[①]

此后直到在 1914 年葡萄牙通过《海外省民政组织法》以及在 1917 年颁布《澳门省组织章程》，总督才被明确授予立法权。总督有权就行政区划、货币税收制度、当地人员的编制和管理进行立法，亦有权对源于葡萄牙本土制定的法律、国令和其他法规制定施行细则，包括可制定刑期在两年以下的罚则。总督在行使上述立法权时，须经由其兼任主席的总督公会（Conselho de Govêrno）表决通过。总督公会成员和总督一样，都具有法案提案权，但不得提出在没有新的收入来源补充下而导致公共开支增加的法案。总督公会有权应总督请求，就行政事宜发表意见，亦可向总督就行政事宜提出书面或口头质询。[②] 总督公会由公务员成员和非公务员成员两部分组成，其中非公务员成员包括市政厅所有葡裔或葡籍议员，以及由总督委任的 2 名华人代表。这 2 名华人代表必须是加入葡籍超过 5 年、居澳 8 年以上并能读写

---

① 1838 年，葡萄牙宪法赋予总督紧急立法权，1842 年被收回，1852 年再度恢复，1869 年被再度收回。

② 陈震宇：《澳门立法》，三联书店（香港）有限公司、澳门基金会，2015，第 13 页。

葡文的华人。1919 年 6 月 14 日，《澳门宪报》刊登了总督公会议事规则，此为澳门第一部立法合议组织的议事规则。

1920 年，总督公会一分为二，分为具有议决权限的议例局（Conselho Legislativo）和具有咨询权限的行政局（Conselho Executivo）。总督具有法案提案权，对于由总督草拟的提案，其在被提交议例局审议前须由行政局发表意见。议例局成员在得到总督批准后，亦有权提案。议例局成员还有权向总督就行政事宜提出书面质询。议例局成员包括行政局所有成员，市政厅推选的 1 名市政议员，从 30 名纳税最多的市民中选出的 1 名议员，以及总督委任的 2 名华人代表。

1926 年，《澳门殖民地组织章程》将议例局和行政局重新合并为政务委员会（Conselho do Govêrno），具有审议和咨询职责，由当然委员、总督委任的委员以及选举产生的委员组成。当然委员是公务员及被视为委员会的官委成员，包括民政局局长、澳门的法区共和国检察官、工务局局长和财政局局长。由总督委任的委员和由选举产生的委员都是 3 名。3 名当选人由以下方式选举产生：①澳门市政厅代表 1 名，由他们的委员互选产生；②居民代表 1 名，由直接选举产生；③华人代表 1 名，由澳门商会（相当于现在的中华总商会）从在澳门居住最少满 5 年及最好能懂葡萄牙语的人士中选举产生。其中引入直接选举为首创，而由澳门商会推选代表可以视为现在以界别划分为基础的间接选举制度的先声。①

1953 年的《葡萄牙海外组织法》规定，葡萄牙于海外每一省设立的政务委员会具有立法及咨询职能。政务委员会的性质为与该省社会条件相适应的代议议会，由非官方委员、选任或总督委任的委员以及官方委员、当然委员或总督指定的委员组成。其中，选任委员、委任委员从该省境内划分的选区一般登记的选举人团，以及缴纳最低直接税款且已登记的葡籍纳税人中选举产生；总督在选择由其委任的非官方委员时，须将名额给予对省的经济及公共生活有一定重要性的国民组织及部门，而在选举人团中无投票权的代表；在澳门，须同样将名额给予华人代表。其后制定的 1955 年《澳门省章程》首次将政务委员会（Conselho do Govêrno）定位为与总督并列的"省之本身管理机关"，政务委员会有权就立法性法规的草案发表意见；就

---

① 赵向阳：《澳门选举制度概况》，社会科学文献出版社、澳门基金会，2013，第 23 页。

总督提出的对法律规定及所有与省行政机关及行政有关的事项发表意见；制定内部议事规则。政务委员会由以下委员组成：① 3 名当然委员——检察长、民政厅厅长以及财政会计厅厅长；② 3 名由已登记的选举人团直接选举产生；③ 1 名由已登记、其最低直接税纳额为 1000 士姑度的葡籍自然人选举产生；④ 1 名由总督从省内私人团体及机构提交的三人名单中委任；⑤ 1 名由总督委任的华人社群代表；⑥澳门市政厅主席代表地方行政团体。在政务委员会成员中，不仅有 3 名由直接选举产生的成员，而且数量上首次多于总督委任的成员（2 名）。

1963 年颁布的《澳门省政治行政章程》规定成立立法委员会（Conselho Legislative），总督、立法委员会和政务委员会皆是“省专属之管理机关”。总督担任立法委员会和政务委员会主席。政务委员会首次享有独立于总督的部分立法权。立法委员会除有权制定立法性法规，对法律规定及所有与省行政机关及行政有关的事项发表意见，制定其内部规则外，还有通过预算应遵原则、许可总督订立的债务合同、审议本省经济发展规划年度报告并监督其执行、选举葡萄牙海外委员会的本省代表及政务委员会委员等专属权限。政务委员会由 8 名经选举产生的委员组成，同时加入政务司、检察长以及财政会计厅厅长作为当然委员；总督委任华人代表 1 名。如果政务司缺少人员，则由民政厅厅长加入立法委员会。选举遵照以下方式：① 3 名须由已登录于选民登记册的公民直接选举产生；② 1 名须由已登记、直接税最低纳税额为 2000 士姑度的自然人纳税人选举产生；③ 3 名须由地方行政团体、依法确认的行政公益法人、代表道德及文化利益的团体选举产生；④ 1 名须由当地私人团体或机构选举产生。[①] 1963 年立法委员会 8 名由选举产生的成员里，首次出现 3 名成员由三个界别的团体选举产生的情况。

1972 年的《澳门省行政章程》继续设立立法委员会，但将原先的政务委员会改为咨询委员会，规定“省之本身管理机关为总督及立法委员会，会同两者运作者为省咨询委员会”。[②] 立法委员会由总督担任主席，须由 13 名委员组成，另有 1 名为由总督委任的华人社群代表。13 名议员均以选举的方式产生，具体如下：5 名由直接选举产生；3 名由行政团体及行政公益

① 1963 年 11 月 22 日第 45377 号国令《澳门省政治行政章程》第 20 条。

② 1972 年 12 月 22 日第 546/72 号法令《澳门省政治行政章程》第 5 条。

法人选出；2 名由经济利益团体代表选出；2 名由道德及文化利益团体选出；1 名由私人机构及团体选出。①②

1976 年以前，立法委员会的起源可以追溯到 1917 年《澳门省组织章程》设立的总督公会，总督公会后来又演变为政务委员会和立法委员会。现在澳门立法会有直接选举、间接选举和委任三种产生形式，最早可以追溯到 1926 年的政务委员会。自 1963 年起，立法委员会被定义为澳门"自身的管理机关"，开始具有专属的立法权限。立法委员会主席由总督担任，成员构成除总督委任的华人社群代表外，主要分为官守委员（当然委员）和非官守委员（选任委员）。在选任成员方面，又以经团体或机构选举产生（间接选举）为主。③

（二）1976 年以后的制度传统

1976 年的《澳门组织章程》把澳门的立法权优先授予立法会，总督和立法会均享有立法权，总督制定的法律文件称为法令（Decreto-lei），立法会制定的法律文件称为法律（Lei），法律与法令具有同等效力。总督不再兼任立法会主席。立法会设主席 1 人和副主席 1 人，由议员以秘密投票的方式互选产生。立法会每届任期为 4 年。议员当选资格除法院审定外，由立法会章程暨任期委员会再行审定，如有异议，再由立法会全体议员通过秘密投票决定。立法会的常会会期一般是从当年的 10 月 15 日至翌年 6 月 15 日。

立法会由直选议员、间选议员和委任议员组成，共 17 名，其中：① 5 名由总督在当地社会享有相当声誉的居民中指出；② 6 名由直接普遍投票选出；③ 6 名由间接投票选出。《澳门组织章程》还进一步明确规定，"直接及普遍投票选举将通过候选人推荐委员会或者由公民团体进行"，"间接投票选举目的系为保证道德、文化、救济及经济利益能有代表"。④

负责制定《澳门组织章程》的时任澳门总督李安道（José Eduardo Martinho

---

① 萧伟华（Jorge Noronha e Silveira）：《澳门宪法历史研究资料（1820～1974 年）》，沈振耀、黄显辉译，澳门法律翻译办公室、澳门法律公共行政翻译学会，1997，第 89 页。
② 1963 年葡萄牙公布的《澳门省政治行政章程》规定："本省的本身管理机关为总督、立法委员会及政务委员会。"
③ 陈震宇：《澳门立法》，三联书店（香港）有限公司、澳门基金会，2015，第 21 页。
④ 2 月 17 日第 1/76 号法律《澳门组织章程》第 21 条。

Garcia Leandro，1940~）最初提出立法会全体议员均由直接选举产生的设想，但遭到华人代表的反对，于是他改变初衷，采用立法会议员由三部分组成的产生办法。[1]《澳门组织章程》采用立法会议员由三部分组成的产生办法，与当时市政议会的产生办法保持了一致，而其间接选举制度与咨询会的产生办法互相呼应。而且，如果立法会议员全部由直接选举产生，由于当时的选举权资格仅限于土生葡人，则可能产生对抗总督的政治格局。

《澳门组织章程》规定由澳门立法会对该章程发表修改意见及建议，而且还明确要求"为使澳门地区的市民得到更良好的代表性"，在首期会议上立法会就须对其本身的组织及议员的指出发表意见。[2] 因此，在1980年第一届立法会最后一年内，检讨《澳门组织章程》并提出修改方案，成为当时立法会的重要任务。其中，土生葡人议员提出一个修正案：把立法会的总议席由原来的17席增加到24席，其中16席为直选议席，8席为间选议席，委任议席则全部取消；但直选议席只限于有被选举资格的葡籍人士。[3] 这个方案保证了葡籍人士至少占有16席，能控制立法会2/3多数，带有强烈的殖民统治色彩。因此，几乎所有非土生葡人议员都采取了杯葛行动，他们不出席立法会会议，立法会连续6次流会，导致对《澳门组织章程》修改的讨论无法进行下去。

实际上，1976年以来，澳门立法会与行政当局之间一直存在着不协调运作及紧张对立关系，由于立法会被土生葡人控制，其实质就是澳门土生葡人利益和葡萄牙国家利益的较量。[4] 自1976年立法会成立以来，在立法会代表性问题上，长期存在着两种对立的意见。政府的意见是增加华人议员的比例，而另一种意见则是试图维持或扩大土生葡人在立法会中的优势。[5] 葡萄牙当局试图扩大华人代表的比例，平衡土生葡人的政治力量。1984年，澳门总督建议总统解散澳门立法会，同时修改了有关选举资格的法律制度，

---

① 吴志良：《生存之道——论澳门政治制度与政治发展》，澳门成人教育学会，1998，第293页。

② 2月17日第1/76号法律《澳门组织章程》第31条t项、第75条。

③ 李炳时：《澳门总督与立法会》，澳门基金会，1994，第123页。

④ 行政与立法之间的不协调运作主要有：①立法会将行政当局提交讨论并要求通过的法律提案搁置，暂不讨论，或者对行政当局要求以紧急程序处理的某些法案予以否决；②当时设置的双轨立法体制导致立法竞赛，立法会和总督都根据自己的职权范围，针对同一问题提出各自大同小异的法案。李炳时：《澳门总督与立法会》，澳门基金会，1994，第3、5页。

⑤ 李炳时：《澳门总督与立法会》，澳门基金会，1994，第123页。

向无葡萄牙国籍的澳门人士开放选举权，立法会中华人代表的议席数得到了较大的增加，立法会与行政当局的关系逐渐趋于合作及稳定。

1990 年，葡萄牙修改《澳门组织章程》，将立法会议员人数增加到 23 名，其中：① 7 名由总督从当地社会上具有功绩及声誉的居民中任命；② 8 名由直接选举和普遍选举产生；③ 8 名由间接选举产生。此后一直稳定不变，直到 1999 年最后一届立法会议员过渡为澳门特别行政区第一届立法会议员。表 2 - 1 是 1976 年《澳门组织章程》颁布以来澳葡当局历届立法会的议员结构及名单。

表 2 - 1 1976 年《澳门组织章程》颁布以来澳葡当局历届立法会的议员结构及名单

届别	议员数		议员名单
第一届 （1976～1980 年）	17 人	委任 5 人	何贤、邝秉仁、马义瑟（Mário Figueira Isaac）、林绮涛（Anabela Fátima Xavier Sales Ritchie）、彼莉丝（Ana Perez）
		直选 6 人	宋玉生（Carlos Assumpção）、费文安（Diamantino Ferreira）、曹其真、黎祖智（Jorge Rangel）、顾得烈（José Patrício Guterres）、罗朗日（José da Conceição Noronha）
		间选 6 人	李碧露（Lídia Ribeiro）、罗方志（Francisco Rodrigues）、崔德祺、马万祺、彭彼得、李世荣
第二届 （1980～1984 年， 被总督提请葡萄牙总统解散）	17 人	委任 5 人	何贤（任内逝世，由崔乐其继任）、邝秉仁、施利华（Eduardo Tavares da Silva）、彼莉丝、申齐士（Cavaleiro Sanches）
		直选 6 人	宋玉生、欧若坚（Joaquim Morais Alves）、林绮涛、费文安、华年达（Joaquim Jorge Perestrelo Neto Valente）、李安奴（Leonel Borralho）
		间选 6 人	李德勋（Delfino Ribeiro）、马丁士（Joaquim Martins）、崔德祺、马万祺、彭彼得、李世荣（任内逝世，由吴荣恪继任）
第三届 （1984～1988 年）	17 人	委任 5 人	申齐士、许世元、施满士（Luís Simões）（庇乐 José Belo）、罗比度（Pedro Ló da Silva）（华年达）、埃尔维斯（Rui Afonso）
		直选 6 人	宋玉生、波治（Manuel Mesquita Borges）、刘焯华、欧安利（Leonel Alves）、欧巴度（Alberto Dias Ferreira）、何思谦
		间选 6 人	马万祺、崔德祺、彭彼得、吴荣恪、曹其真、崔乐其

续表

届别	议员数		议员名单
第四届 （1988～1992 年）	23 人	委任 7 人	安娜·彼莉丝［1991 年 5 月调任政务司，由罗新耀（José Rodrigues Rosário）继任］、林绮涛、华年达、许辉年（Philipe Xavier）、埃尔维斯、潘志辉（António José Félix Pontes）（1991 年增委）、罗立文（1991 年增委）
		直选 8 人	何思谦、宋玉生、梁金泉、刘光普、汪长南、欧安利（Leonel Alberto Alves）、梁庆庭（1991 年补选）、高开贤（1991 年补选）
		间选 8 人	马万祺、刘焯华、彭彼得、吴荣恪、曹其真、何厚铧、彭为锦（1991 年增选）、戴明扬（José Manuel Rodrigues）（1991 年增选）
第五届 （1992～1996 年）	23 人	委任 7 人	罗新耀、罗立文（Raimundo do Rosário）、施白蒂（Beatriz Bastoda Silva）、华年达、郭栋梁（António Correia）、潘志辉（Felix Pontes）、埃尔维斯
		直选 8 人	梁庆庭、唐志坚、高开贤、吴国昌、崔世安、曹其真、罗拔度（Alberto Madeiro Noronha）、何思谦
		间选 8 人	马万祺、何厚铧、彭彼得、吴荣恪、刘焯华、彭为锦、欧安利、林绮涛
第六届 （1996～1999 年）	23 人	委任 7 人	华年达、潘志辉、罗立文、罗新耀（施绮莲 Maria Edith da Silva）、欧若坚、戴明扬、飞文基（Miguel de Senna Fernandes）
		直选 8 人	赵河畅、梁庆庭、唐志坚、冯志强、周锦辉、吴国昌、廖玉麟、高开贤
		间选 8 人	何厚铧、吴荣恪、刘焯华、欧安利、林绮涛、许世元、曹其真、关翠杏

资料来源：根据历届立法会选举期间的报道整理所得。

　　澳门立法会长期演变的历史过程说明，《澳门基本法》及其附件确立的立法会由直选议员、间选议员和委任议员三部分组成具有深厚的政治传统和历史渊源。

三　澳门特别行政区立法会产生办法

（一）《澳门基本法》起草过程中有关立法会产生办法的讨论

　　《香港基本法》起草过程中，对立法会的产生办法进行了激烈争论。争论的结果是《香港基本法》第 68 条做出"立法会的产生办法根据香港特别行政区的实际情况和循序渐进的原则而规定，最终达致全部议员由普选产生的目标"的规定，并设计了附件二，规定了第一届和第二届立法会产生的具体办法。2007 年以后，立法会产生办法若要修改，则须经立法会 2/3 多数通过、行政长官同意并报全国人大常委会备案。

在《澳门基本法》起草过程中，有关争论不如香港那样激烈。不过，澳门基本法起草委员会在参考《香港基本法》的基础上，亦设计了附件二，规定了澳门立法会的具体产生办法。1991 年 4 月 17 日，提交起草委员会全体会议的政治体制专题小组工作报告就明确规定立法会由直选议员、间选议员和委任议员三种结构组成。第二届立法会有议员 27 人，包括直选议员 10 人、间选议员 10 人、委任议员 7 人。第三届立法会有议员 29 人，包括直接选议员 12 人、间选议员 10 人、委任议员 7 人。而在 1991 年 7 月 9 日公布的基本法征求意见稿，则将这里的第三届立法会由 29 人组成改为第三届及以后各届立法会由 29 人组成。

在向澳门社会进行咨询的过程中，民众没有对立法会由直选议员、间选议员和委任议员三部分组成提出太多质疑，他们的意见主要集中在认为直选议员太少，应当减少委任议员的数目。如有人建议将第二届立法会改为直选 12 人、间选 10 人、委任 5 人，将第三届立法会改为直选 15 人、间选 11 人、委任 3 人；有人建议将第二届立法会改为直选 14 人、间选 8 人、委任 5 人，将第三届立法会改为直选 19 人、间选 6 人、委任 4 人；等等。①

《澳门基本法》保留委任议员与《中葡联合声明》的有关精神是一致的。《中葡联合声明》附件一规定："立法机关由当地人组成，立法机关多数成员由选举产生。"在此基础上，《澳门基本法》第 50 条第 7 项规定行政长官有权委任部分议员，第 68 条规定："立法会多数议员由选举产生。立法会的产生办法由附件二《澳门特别行政区立法会的产生办法》规定。"

---

① 《中华人民共和国澳门特别行政区基本法（草案）》咨询意见报告书。还有人建议在第三届立法会内应拟出具体办法，通过澳门特别行政区全民投票，以决定 2009 年后立法会议员是否全部由普选产生，不过，以全民投票决定是否普选产生这种意见在法理上难以成立。

回归前澳门长期被葡萄牙作为一个"海外省"来管理，1974 年葡萄牙爆发"鲜花革命"后，葡萄牙政府不再将澳门视为葡萄牙领土的一部分，而是葡萄牙管治下的特殊地区，并开始在澳门逐步扩大居民的政治参与。但这种政治参与始终是地方性的政治参与，也就是说，葡萄牙在澳门推行的民主是地方性的民主，而不是国家管理层面的民主。澳门立法会产生办法之所以保留了澳葡时期的三种产生方式，其中一个重要基点就是：回归后，澳门作为直辖于中央人民政府的特别行政区，其地方权力架构的特点没有变，其所实行的民主亦是地方性民主，与国家层面的民主有所不同，因此可以适当参考澳葡时期多年积累形成的有效办法。

（二）《澳门基本法》及相关附件的规定

《澳门基本法》第 68 条规定："立法会多数议员由选举产生，立法会的产生办法由附件二《澳门特别行政区立法会的产生办法》规定。"《澳门基本法》第 50 条第 7 项规定，行政长官委任部分立法会议员。2012 年 6 月 30 日，全国人大常委会对澳门行政长官上报的附件二修正案予以备案并公布生效。《澳门基本法》有关条文、附件二及其修正案共同构成宪制层面的立法会产生办法。这套产生办法概括起来说，就是澳门立法会多数议员由选举产生，包括一部分议员由直接选举产生，另一部分议员由间接选举产生，同时还有一部分议员由行政长官委任产生。上述规定与《中葡联合声明》附件一中澳门特别行政区立法机关多数成员由选举产生的规定是一致的。

《澳门基本法》及相关附件的内容主要有以下四方面。

1. 规定第一届立法会产生办法由全国人大另做规定

这就是《全国人民代表大会关于澳门特别行政区第一届政府、立法会和司法机关产生办法的决定》。之所以要全国人大另作规定，是因为第一届立法会需要在 1999 年 12 月 20 日前开始筹备，而 1999 年 12 月 20 日《澳门基本法》开始生效，在法律上不可能对第一届立法会的产生办法做出规定。因此，1993 年 3 月 31 日，全国人大在通过《澳门基本法》时就通过了该决定。1993 年 3 月 31 日，全国人大决定澳门特别行政区第一届立法会由原来澳葡政府最后一届立法会"直通"① 过渡而来。其内容主要包括：人数和结构维持不变；澳门原有立法会议员的人数暂时不做变动，即 23 人，其中直选议员 8 人，间选议员 8 人，委任议员 7 人。第一届立法会任期截至 2001 年 10 月 15 日。

2. 规定第二届、第三届及以后各届立法会的产生办法

《澳门基本法》附件二对第二届、第三届及以后各届立法会产生办法做出了明确规定。

第二届立法会由 27 人组成，其中直选议员 10 人，间选议员 10 人，委任议员 7 人。

第三届及以后各届立法会由 29 人组成，其中直选议员 12 人，间选议员 10 人，委任议员 7 人。

根据 2012 年 6 月 30 日全国人大常委会公布的附件二修正案的内容，2013 年第五届立法会由 33 人组成，其中直选议员 14 人，间选议员 12 人，委任议员 7 人。

附件二修正案第 2 条明确规定："第六届及以后各届立法会的产生办法，在依照法定程序做出进一步修改前，按本修正案的规定执行。"

3. 授权澳门特别行政区制定立法会选举法

《澳门基本法》附件二第 2 条规定："议员的具体选举办法，由澳门特别行

---

① 所谓"直通"，是指原澳门最后一届立法会议员可以有条件直接成为澳门特别行政区第一届立法会议员。其条件和程序如下：①原澳门最后一届立法会的组成必须与全国人大关于《澳门特别行政区第一届政府、立法会和司法机关产生办法的决定》规定的第一届立法会的组成相符。②原澳门最后一届立法会议员必须符合《澳门基本法》规定的条件，必须是澳门特别行政区永久性居民，拥护《中华人民共和国澳门特别行政区基本法》，效忠中华人民共和国澳门特别行政区。③原澳门最后一届立法会议员，必须经过确认和委任程序，才能成为澳门特别行政区第一届立法会议员。所谓确认，是指对于原澳门最后一届立法会中由选举产生的议员，包括直选议员和间选议员，由全国人大澳门特别行政区筹委会根据《澳门基本法》和有关规定，对其逐一进行审查，看其是否符合担任澳门特别行政区第一届立法会议员的条件。所谓委任，是指原澳门最后一届立法会中由委任产生的议员若要成为澳门特别行政区第一届立法会议员，必须得到行政长官的重新委任。如果原澳门最后一届立法会中有个别议员不符合衔接条件，则由推选委员会负责补选。后来有 1 位直选议员缺额，共有 4 位候选人参加缺额补选，1999 年 9 月 20 日，在筹委会主任委员主持下，推选委员会以无记名投票方式选出 1 位立法会议员，完成了补选工作。参见杨静辉、李祥琴《港澳基本法比较研究》，北京大学出版社，1997，第 343 页；邓伟平《澳门特别行政区基本法概论》，中山大学出版社，2007，第 270 页；钱其琛《全国人民代表大会澳门特别行政区筹备委员会工作情况的报告》（1999 年 12 月 17 日）。

政区政府提出并经立法会通过的选举法加以规定。"根据《澳门基本法》及以上规定，可知：①澳门立法会选举法由澳门特别行政区制定；②立法会选举法由特别行政区政府提出；③立法会选举法必须由立法会通过，即必须表现为法律形式。

制定和修订立法会选举法都必须符合基本法附件二提出的形式要求，即立法会选举法必须由立法会通过，其形式渊源必须是法律，提案权属于政府。澳门立法会通过的法律，须经行政长官签署和公布后方能生效，且必须报全国人大常委会备案。全国人大常委会如果认为该法律不符合基本法关于中央管理的事务或中央和澳门特别行政区关系的条款，可将该法律发回，使其立即失效。

2000 年 11 月初，澳门特别行政区政府根据《澳门基本法》附件二向立法会提交了立法会选举法法案。正如政府在"理由陈述"中所指出的，制定该法旨在填补选举法空白，"按照澳门特别行政区基本法所订原则去编制新法例"。2000 年 11 月 14 日，立法会举行全体会议，对法案进行了一般性讨论和表决，之后交由立法会第一届常设委员会进行细则性讨论。2001 年 2 月 21日，澳门立法会举行全体会议对法案进行细则性讨论和表决并予以通过，这就是第 3/2001 号法律《澳门特别行政区立法会选举制度》。该法律由 5 条序文法及 1 个附件《澳门特别行政区立法会选举法》组成，共 10 章 200 个条文。

2001 年澳门特别行政区第二届立法会选举及 2005 年第三届立法会选举按照该法进行。2008 年，立法会通过了第 11/2008 号法律《修改第 3/2001号法律〈澳门特别行政区立法会选举法〉》，行政长官发布第 391/2008 号行政长官批示，并重新公布了法律。2012 年全国人大常委会对澳门特别行政区行政长官上报的附件二修正案予以备案后，澳门立法会对立法会选举法做出修改，即第 12/2012 号法律《修改第 3/2001 号法律〈澳门特别行政区立法会选举法〉》。2016 年 5 月，澳门特别行政区政府推出了修订立法会选举法的咨询文本。2016 年 8 月 9 日，澳门立法会引介、一般性讨论和表决通过了《修改第 3/2001 号法律〈澳门特别行政区立法会选举制度〉的法案》。12 月 16 日立法会细则性通过了第 9/2016 号法律《修改第 3/2001 号法律〈澳门特别行政区立法会选举制度〉》，2017 年 1 月 26 日，行政长官发布第21/2017 号批示重新公布了该法。

4. 规定 2009 年及以后立法会产生办法的修改程序

《澳门基本法》附件二第 3 条规定："2009 年及以后立法会的产生办法

如需修改，须经立法会全体议员三分之二多数通过和行政长官同意，并报全国人大常委会备案。"

这里的"如需修改"应当怎样理解？谁有权判断修改的需要？谁有权提出附件二修改的议案？应当怎样理解附件二第3条报全国人大常委会备案的含义？等等。为了解决这些法律问题，2004年4月6日，全国人大常委会曾经对《香港基本法》附件一第7条和附件二第3条做出解释，明确了修改香港特别行政区行政长官和立法会产生办法所必须遵循的五步程序，即"政改五步曲"。然而，全国人大常委会在2004年4月6日做出的解释是针对香港基本法附件一和附件二做出的，不能直接适用于《澳门基本法》附件一和附件二，因此还要解决澳门特别行政区政制发展的程序问题。2011年11月17日，澳门特别行政区行政长官崔世安致函全国人大常务委员会委员长吴邦国，谨请全国人大常委会对《澳门基本法》附件一第7条和附件二第3条是否做出解释。[①] 2011年12月31日，全国人大常委会通过了《关于澳门特别行政区基本法附件一第七条和附件二第三条的解释》，明确了澳门特别行政区行政长官产生办法和立法会产生办法的修改应遵循五步程序：①特别行政区行政长官向全国人大常委会提出报告；②全国人大常委会确定是否需要修改；③特别行政区政府向立法会提出修改行政长官和立法会产生办法的法案，并经立法会全体会议2/3多数通过；④特别行政区行政长官同意经立法会通过的修改行政长官和立法会产生办法的法案；⑤特别行政区行政长官将有关法案报全国人大常委会，由全国人大常委会批准或备案。

"政改五步曲"提供了修改附件一和附件二的具体操作程序，确认了中央人民政府对澳门特别行政区政制发展的主导权和最后决定权，为附件二立法会产生办法的修改提供了程序上的保障。2012年《澳门基本法》附件二的修改严格按照全国人大常委会的"政改五步曲"进行。

---

① 其信函内容如下："基于澳门特别行政区2013年第五届立法会选举，2014年第四任行政长官选举的日渐临近，11月15日本人在施政报告中表示，把处理澳门基本法附件一《澳门特别行政区行政长官的产生办法》和附件二《澳门特别行政区立法会的产生办法》规定的行政长官和立法会产生是否修改的问题，作为明年施政的一项重要内容。澳门基本法附件一第七条和附件二第三条就两个产生办法的修改作出了规定。考虑到澳门基本法附件一和附件二有关修改两个产生办法的规定与香港基本法的有关规定大体相同，而全国人大常委会曾经对香港基本法附件一第七条和附件二第三条作出解释，明确修改两个产生办法的程序，因此，对澳门基本法附件一第七条和附件二第三条的规定是否需要作出解释，谨请全国人大常委会酌定。"

（三）澳门立法会产生办法的三种形式

澳门特别行政区立法会产生办法的特点是立法会议员由直选议员、间选议员和行政长官委任的议员三部分构成。1976 年颁布的《澳门组织章程》第 4 条规定："澳门地区的本身管理机关为总督及立法会，会同总督运作的尚有咨询会。"由此，澳门建立了现代意义上的立法会。立法会由 17 名议员组成，其中 5 名由总督在当地社会享有相当声誉的居民中指出，6 名由直接选举或普选产生，6 名由间接选举产生。

1990 年，澳葡政府将议员总数由原来的 17 人增加到 23 人，三种组成结构各增加 2 个名额。此后一直延续到澳门回归。澳门特别行政区第一届立法会有议员 23 人，第二届有议员 27 人，第三届及以后各届均有议员 29 人。2012 年全国人大常委会予以备案的附件二修正案规定，2013 年第五届立法会议员人数为 33 人，此后若无其他修改，则按此修正案执行。

澳门回归以来历届立法会人数的增加及结构变动情况如表 2 - 2 所示。

表 2 - 2　澳门回归以来澳门立法会议员组成及变动情况

单位：人

届别	议员总数	直选议员数	间选议员数	委任议员数
1999 年第一届	23	8	8	7
2001 年第二届	27	10	10	7
2005 年第三届	29	12	10	7
2009 年第四届	29	12	10	7
2013 年第五届	33	14	12	7

澳门回归以后历届立法会组成名单如表 2 - 3 所示。

表 2 - 3　澳门回归以后历届立法会议员组成名单

届别	议员数		议员名单
第一届 （1999~2001 年）	23 人	直选 8 人	梁庆庭、唐志坚、周锦辉、冯志强、吴国昌、廖玉麟、容永恩、高开贤
		间选 8 人	刘焯华、关翠杏、许世元、吴荣恪、曹其真、欧安利、林绮涛、崔世昌
		委任 7 人	梁官汉、贺定一、区宗杰、许辉年、黄显辉、张伟基、戴明扬

续表

届别	议员数	议员名单	
第二届 （2001~2005 年）	27 人	直选 10 人	吴国昌、区锦新、郑康乐、关翠杏、梁玉华、周锦辉、方永强、梁庆庭、容永恩、张立群
		间选 10 人	曹其真、刘焯华、欧安利、高开贤、许世元、唐志坚、冯志强、崔世昌、陈泽武、郑志强
		委任 7 人	区宗杰、许辉年、贺定一、戴明扬、黄显辉、徐伟坤、张伟基
第三届 （2005~2009 年）	29 人	直选 12 人	区锦新、陈明金、周锦辉、冯志强、高天赐、关翠杏、梁玉华、梁庆庭、梁安琪、容永恩、吴国昌、吴在权
		间选 10 人	曹其真、高开贤、郑志强、贺定一、刘焯华、李从正、崔世昌、欧安利、张立群、陈泽武
		委任 7 人	李沛霖、沈振耀、徐伟坤、崔世平、许辉年、杨道匡、刘本立
第四届 （2009~2013 年）	29 人	直选 12 人	关翠杏、陈明金、吴国昌、何润生、梁安琪、高天赐、区锦新、李从正、麦瑞权、吴在权、陈伟智、陈美仪
		间选 10 人	贺一诚、高开贤、郑志强、冯志强、刘焯华、林香生、崔世昌、欧安利、张立群、陈泽武
		委任 7 人	何少金、徐伟坤、唐晓晴、崔世平、黄显辉、刘永诚、萧志伟
第五届 （2013~2017 年）	33 人	直选 14 人	关翠杏、吴国昌、区锦新、高天赐、梁安琪、陈明金、麦瑞权、何润生、陈美仪、梁荣仔、郑安庭、施家伦、黄洁贞、宋碧琪
		间选 12 人	贺一诚、高开贤、郑志强、崔世平、林香生、李静仪、崔世昌、欧安利、陈亦立、陈虹、张立群、陈泽武
		委任 7 人	徐伟坤、唐晓晴、马志成、黄显辉、冯志强、刘永诚、萧志伟

资料来源：根据历届立法会选举期间的报道及澳门特别行政区立法会选举网站资料整理所得。

澳门立法会人数增加及结构变动，体现出以下几个特点。

第一，始终维持议员由直接选举、间接选举和委任三种方式产生的办法不变。1980 年，澳门立法会葡裔议员曾经提出修改《澳门组织章程》的草案，拟取消委任议席并大幅度减少间选议席，将立法会议席改为 24 席，其中 16 席由直接选举产生，8 席由间接选举产生，不设委任议席。①

---

① 李炳时：《澳门总督与立法会》，澳门基金会，1994，第 87 页。

这个草案当时未获得总督支持，立法会没有通过该提案。回归后澳门立法会议员由直接选举、间接选举和委任三种方式产生的办法得以保留。

第二，立法会议员总数的变动采用"加法"，没有采用"减法"。议员总数以及每种结构的议员总数一直在增加，从来没有出现减少某种结构的议员名额的情况，或者将某种结构的议员名额让渡给其他结构的情况，这种民主可以称为增量式民主。其中直选议员名额的增加幅度最大。而且，在增加议员名额时，每种结构每次最多增加 2 名。

第三，1990 年后，委任议员名额由原来的 5 名增加到 7 名；回归后，行政长官仍有权委任部分议员，且委任议员名额一直维持 7 名不变。

第三章　议员资格与澳门立法会产生办法

澳门立法会由立法会议员组成，其性质、功能和地位决定了澳门立法会议员的法律地位以及相关的权利、义务和职责。这些权利、义务和职责对澳门立法会议员的资格提出了客观要求，从而决定了立法会产生办法。

一　澳门立法会议员的法律地位

（一）委托说和代表说

在政治体制中，立法机关的性质是代议性，由议员代表人民制定法律和监督行政。在代议制理论中，关于代表与被代表的关系应当如何理解，宪法学理论上主要有两种学说：委托说和代表说。

委托说认为，议员既然是民意代表，就只能与所从当选的选民保持一致，议员与选民之间存在一种私法上的委托关系，议员由于是接受选民的委托行使职权，因此就必须严格遵守其委托命令。议员必须忠于选民的利益，在法律上负有执行选民意志的义务，不得背离选民的意志和利益。这种学说进而认为，议员应当在选民的监督下行使职权，而为了保证议员对选民的义务得以履行，选民享有直接罢免其职务的权利。委托说具有以下几个特征：①强制委托特征，即议员对选民以训令方式所授予的指令必须无条件执行；②地域责任特征，即议员必须完全忠实于原选区及其选民的利益；③直接罢免特征，即选民享有直接罢免本选区代表的权利。①

代表说认为，议员与选民的关系不能生搬硬套私法上的委托关系进行解释，议员与选民之间应当是一种互相信任关系，立法机关在整体上代表所有选民的意志和利益。议员在政治原则上忠实于选民，但在具体的政治事务方面有权自行判断。议员有权凭个人的学识、经验和才能做出决断。1774 年，英国平民院议员埃德蒙·柏克（Edmund Burke，1729～1797）发表了著名的"柏克演讲"，其主要内容为："议会不是由不同、敌对的利益集团派遣的使节所组成的会议，以供这些使节各事其主，互不相让；相反，议会是同一国家的审议机关，只为一个利益即整体利益；这里的指南不是地方目的、地方偏见，而是对整体的共同推理所得出的共同利益。"他又说，"你们的代表理当为你们提供的不仅是辛劳，而且是他的判断；如果他放弃自己的判断而屈从你们的意见，那他不是在为你们服务，而是在背叛你"，"对于一个代表而言，选民的意见当然极有分量，值得尊重，应该高兴地听取，最认真地考虑。但是，视之为权威指示、指令，代表明知与自己的判断和良知相违背，也要绝对盲目地服从，按其投票和辩论——这样做绝对不合乎我国法律，而且根本曲解了我国宪法的整个体系与精神"。②

法国《1791 年宪法》明确接受了这种观念，即"各郡所选出的代表并不是各个个别郡的代表而是全国的代表，所以各郡不得交给他们以任何委任"。③ 法国《1793 年宪法》规定："各个代表皆是全国人民的代表。"④ 1831年制定的《比利时王国宪法》第 32 条规定："议会两院的每个议员都代表国家，而不仅仅代表他们所自当选的省或省内的选区。"⑤《瑞士联邦宪法》规定："两院议员在表决时不受任何指示。"⑥ 德国基本法规定："联邦议院的议员是全体人民的代表，不受选民的委托和指示的约束，只服从自己的良心。"⑦

---

① 胡位钧：《两种代表制理论之再评价》，《法商研究》1998 年第 2 期。

② J. Griffith and M. Ryle, *Parliament: Its History, Constitution, and Practice* (Sweet & Maxwell Ltd., 1989), pp. 139－140，转引自蒋劲松《议会之母》，中国民主法制出版社，1998，第 255、258 页。

③ 《1791 年宪法》第三篇"国家权力"第一章第四节第 7 条。

④ 《1793 年宪法》第 29 条。

⑤ 此宪法到现在仍然生效。

⑥ 《瑞士联邦宪法》（1874 年）。

⑦ 《德意志联邦共和国基本法》第 38 条。

《日本国宪法》规定："两议院由选举产生的代表全体国民的议员组织之。"①
《法兰西共和国宪法》规定："对议员的任何强制委托概属无效。"②

代表说的特征包括：自由决断，即议员有权凭个人的学识、经验和才能代表选民做出政治决断；集中代表所有选区选民，即议员不仅是特定选区选民的受托人，而且应该超越原选民的局部利益，集中代表全体选民的整体意志和利益；集体负责，即议员一旦当选，便不再直接对选民负责，而是由全体代表对全体选民负责。③

(二) 澳门特别行政区立法会议员的法律地位

葡萄牙宪法亦以代表说为基础规定了国会议员的法律地位。1982 年，葡萄牙宪法规定"共和国议会为代表所有葡萄牙公民之议会"，并明确规定"每个议员均代表整个国家，而不是代表所从当选的选区"。④ 澳门回归前，1976 年制定的《澳门立法会章程》第 1 条即指出："在执行任期时，无论选任或委任议员，均为代表本地区市民。"

《澳门基本法》第 81 条在规定议员资格丧失的五种情况时并没有规定选民有权罢免立法会议员，这种规定应当理解为：议员一旦当选，就享有职务上的一定保障，选民不能动辄以罢免相威胁，要求议员必须根据自己的指示和意见在立法会从事活动。

第 3/2000 号法律《澳门特别行政区立法会立法届及议员章程》第 7 条规定："全体议员，不论选任或委任者，在其任期内均享有同等的地位及相同的权利、权力和义务。全体议员，不论其选任或委任者，均代表澳门特别行政区及其市民的利益。"这里所说的代表，是指议员代表澳门特别行政区及其市民的利益在立法会从事活动。这种规定应当理解为建立在代表说的基础上，即无论是由直接选举产生的议员，还是由间接选举产生的议员，抑或是由行政长官委任产生的议员，都具有同等的法律地位，并具有相同的权利和义务。他们在立法会会议上的发言和表决，均可视为代表澳门特别行政区及其市民的利益。

---

① 《日本国宪法》第 43 条。
② 《法兰西共和国宪法》(1958 年) 第 27 条。
③ 胡位钧：《两种代表制理论之再评价》，《法商研究》1998 年第 2 期。
④ 《葡萄牙共和国宪法》(1982 年) 第 150 条和第 152 条。

（三）澳门特别行政区立法会议员职务上的权利和议员特权

1. 议员职务上的权利

立法会议员是立法会的组成分子。立法会的运作是以议员积极参与为前提的。这就必须赋予澳门立法会议员一系列权利，使其可以代表居民参政议政，履行选民赋予的代表职责。[①] 立法会议员主要享有以下权利。

第一，提案权。《澳门基本法》第 75 条规定了议员的提案权。提案权是指议员有向立法会提出法案和议案的权利。第 75 条同时界定了议员提案权的范围，即议员不能提出涉及公共收支、政治体制或政府运作的议案，若提出涉及政府政策的议案，则必须得到行政长官的书面同意。提案权还包括提出修订提案的权利，即议员有权对已经提出的法案提出修订的动议。《澳门特别行政区立法会议事规则》规定议员有权提出法案、议案；有权提出上项所指法案、议案的修订提案及对政府法案、议案的修订提案；有权要求以紧急程序处理任何上述数项所指法案、议案。[②] 也就是说，议员有权提出不属于政府专属提案权范围的法案和议案，并有权对不属于政府专属提案权范围的法案和议案提出修订提案，以及有权要求以紧急程序提出法案、议案和修订提案。

第二，质询权。《澳门基本法》第 76 条规定立法会议员有权依照法定程序对政府的工作提出质询。政府对议员提出的质询必须答复。质询分为口头质询和书面质询。质询的内容是政府的相关工作，特别是政府已采取或将采取的政策性、立法性或规范性措施的事项，以及有必要采取该等措施的事项。[③] 质询不得直接或间接侵犯私人生活和家庭生活隐私权，涉及司法保密、职业保密、国家机密、特别行政区机密或针对司法裁判的事项。质询在立法会全体会议上进行。立法会议员有权要求召集专为质询政府工作的全体会议。

---

① 第 1/1999 号决议《澳门特别行政区立法会议事规则》将立法会议员行使与立法会运作的相关权利和职责称为"议员职务上的权利和义务"（Dos poderes e deveres funcionais dos Deputados），并将立法会议员在职务上的权利分为立法的权利（Poderes em matéria legislativa），监察的权利（Poderes em matéria de fiscalização）和辅助性权利（Poderes de natureza instrumenta）。

② 第 1/1999 号决议《澳门特别行政区立法会议事规则》第 1 条。

③ 第 2/2004 号决议《对政府工作的质询程序》。

第三，辩论权。《澳门基本法》第 71 条第 4 项和第 5 项规定立法会听取行政长官的施政报告并进行辩论，就公共利益问题进行辩论。辩论权是指议员在立法会会议上有参与辩论社会公共利益和公共政策的权利。第 1/1999 号决议《澳门特别行政区立法会议事规则》分别规定了"公共利益问题的辩论程序"和"施政报告的辩论程序"。立法会议员亦有权要求召集专为辩论公共利益问题的全体会议，其书面提出的申请中应列明欲处理的事项或问题，以及是否拟听取特别行政区政府的意见。而在有关施政报告的辩论程序开始前，先由行政长官发言，发言完毕后，议员可要求其做出解释。①

第四，表决权。对法案和议案进行表决，不仅是立法会议员的一项基本权利，而且是其一项基本义务。《澳门基本法》第 77 条规定："除另有规定外，澳门立法会的法案、议案由全体议员过半数通过。"② "另有规定"，是指立法会以不少于 2/3 多数再次通过行政长官发回重议的原案，因被行政长官解散而重选的立法会仍以 2/3 多数通过所争议的原案，从而迫使行政长官辞职，以及弹劾行政长官，通过修改基本法的提案和通过基本法附件一和附件二的修改时，都需要立法会全体议员 2/3 多数通过。

第五，联合动议启动弹劾行政长官的权利。《澳门基本法》第 71 条第 7 项规定："如立法会全体议员三分之一联合动议，指控行政长官有严重违法或渎职行为而不辞职，经立法会通过决议，可委托终审法院院长负责组成独立的调查委员会进行调查。调查委员会如果认为有足够证据构成上述指控，立法会以全体议员 2/3 多数通过，可提出弹劾案，报请中央人民政府决定。"这就说明，立法会议员有联合动议启动弹劾行政长官的权利。

第六，发起听证的权利。《澳门基本法》第 71 条第 8 项规定，立法会在行使各项职权时，如果有需要，可传召和要求有关人士作证和提供证据。也就是说，听证并不是立法会的一项独立职权，而是与其他职权放在一起行使的权利。《澳门特别行政区立法会议事规则》规定议员有权建议在常设委员会或临时委员会内进行听证，以便澄清公共利益问题。听证应至少由两名议员发起，其建议是向立法会主席提出，并指明听证的事项及有关依据。听证不得针对不属于澳门特别行政区自治范围的事项，亦不得针对法院具体个

---

① 第 1/1999 号决议《澳门特别行政区立法会议事规则》第 137～142 条以及第 153 条。
② 《澳门基本法》第 76 条。

案裁判、侵犯私人生活的隐私权,以及涉及国家机密、司法保密或职业秘密等事项。① 而行政长官有权根据国家和澳门特别行政区的安全或重大公共利益的需要,决定特别行政区政府官员或其他负责特别行政区政府公务的人员是否向立法会或其所属的委员会作证和提供证据。②

第七,其他权利。为保障立法会议员充分履行其职务,《澳门特别行政区立法会议事规则》还规定了立法会议员的其他权利,如要求行政长官及特别行政区政府提供为履行其职务所需的资料和官方刊物,征询及听取行政长官、政府以及任何公共或私人实体的有关公共利益的意见,向立法会提出表达心意的建议,提出有关申请,援引议事规则并提出异议及抗议,以及建议修改《澳门特别行政区立法会议事规则》,等等。③

2. 议员特权

为了保证议员的自由意志不受任何政治、行政以及司法方面的非法干预,需要赋予议员一些特别权利。英国议会在世界上最早确立了议员在履行职务时享有的两项特权:言论自由权和不受逮捕权。此后这一做法为世界各国的立法机关所借鉴。

《澳门基本法》对澳门特别行政区立法会议员的这两种特定权利做了明确规定。①言论免责权。《澳门基本法》第79条规定:"澳门特别行政区立法会议员在立法会会议上的发言和表决,不受法律追究。"这一规定是为了保障议员能在立法会会议上充分发表意见,行使议员权利。1976年的《澳门组织章程》就有类似规定,其第26条第1款规定:"立法会议员在执行任务期内所发出的意见及表决是不可侵犯的。"第2款规定:"但该项不可侵犯的豁免,并不包括议员有关诽谤、诋毁、污辱,违犯公共道德或公开引诱犯罪等民事及刑事责任,在此情况下,得由立法会自行决定其停止执行任务。"④ 议员的这一权利只能在立法会会议(包括立法会全体会议、常设委员会会议以及立法会的其他各种法定会议)上行使。议员在立法会会议以外发表的言论,即使是在立法会大楼里发表,亦不受第79条的保护。立法会议员虽然享有这项言论免责权,但不能滥用这一权利,在立法会会议上发表与其议员身份

① 第2/2004号决议《对政府工作的质询程序》第2、3条。
② 《澳门基本法》第59条第15项。
③ 第1/1999号决议《澳门特别行政区议事规则》第2条。
④ 澳葡政府在1990年修改《澳门组织章程》时删除了第26条第2款。

不合适的言论。②人身豁免权。《澳门基本法》第 80 条规定："澳门特别行政区立法会议员非经立法会许可不受逮捕，但现行犯不在此限。"对此，《澳门组织章程》也有明确规定："未得立法会许可，任何议员不得遭受拘捕、羁押或监禁，但如其罪系属重刑罚或同等刑罚且系现行犯时，则不在此限。"① 所谓现行犯，是指正在预备犯罪、实行犯罪或犯罪后被发现的犯罪嫌疑人。在这种情况下，立法会议员可以被逮捕，但必须经过立法会全体会议议决许可，且该议决必须在《澳门特别行政区公报》上公布。②

立法会议员的人身豁免权还包括议员须获立法会执行委员会许可方得出庭作为证人、鉴定人或陪审员，或作为声明人或嫌犯应讯，但在现行情况下被拘留，且以嫌犯身份应讯者除外。无论执行委员会的议决是许可还是拒绝，均应事先听取有关议员的陈述。③

3. 议员的义务和职责

澳门立法会议员的义务主要有：①出席会议，包括出席全体会议及所属委员会会议；②参加表决；③遵守议事规则；④尊重立法会的会议秩序和会议纪律；⑤利益回避，即议员不得参与与其个人直接的、实时的财产利益或非财产利益有关的事项的讨论和表决，与议员有血亲或姻亲关系的人士的相同性质的利益，亦视为议员的利益，当议员涉及上述利益时，应在讨论有关事项前做出声明；⑥申报经济状况，《澳门基本法》第 68 条第 4 款明确规定，"立法会议员就任时应依法申报经济状况"；⑦保守国家秘密和特别行政区秘密；⑧其他义务，如致力于为立法会工作的质素、效率和声誉做出贡献；等等。

二 澳门立法会议员的资格要求

（一）法定条件

议员首先必须具备选举权资格，即选民资格。在实行普选制的现代社会，选民资格通常要求具备国籍、精神状态良好和未被剥夺政治权利等。我

---

① 《澳门组织章程》第 26 条。
② 第 3/2000 号法律《立法会立法届及议员章程》第 26 条。
③ 第 3/2000 号法律《立法会立法届及议员章程》第 30 条。

国采用选举权和被选举权不分离原则，即具备选民资格亦就具备了被选举的资格①。而在西方许多国家，通常情况下采用被选举资格高于选举资格的要求，因此也可以将议员的法律资格分为"基本限制"和"特别限制"两类。②

基本限制是指必须符合选民资格，而特别限制就是在选民资格这一条件上再加上其他限制，如财产资格、受教育程度、性别、居住期限、不得担任特定公共职务、更高的年龄要求、本土出生和其他条件。如葡萄牙宪法规定，只有年满35岁、本土出生并登记为选民的葡萄牙公民才有被选举资格。③这就是在一般限制上再加上年龄满35岁和本土出生两个特殊限制。

澳门立法会议员的法律资格包含一般限制和特殊限制。澳门立法会议员当选的条件有四个。

1. 必须具备永久性居民身份

《澳门基本法》第3条规定，澳门特别行政区的行政机关和立法机关由澳门特别行政区永久性居民依法组成；第68条规定，澳门特别行政区立法会议员由澳门特别行政区永久性居民担任。这就说明，立法会议员必须是符合一定条件的澳门特别行政区永久性居民。

参选或出任立法会议员，并不要求必须具备中国国籍。《香港基本法》第67条规定："香港特别行政区立法会由在外国无居留权的香港特别行政区永久性居民中的中国公民组成。但非中国籍的香港特别行政区永久性居民和在外国有居留权的香港特别行政区永久性居民也可以当选为香港特别行政区立法会议员，其所占比例不得超过立法会全体议员的百分之二十。"《澳门基本法》在起草过程中，曾经参考了《香港基本法》的这一做法。1991年7月公布的《中华人民共和国澳门特别行政区基本法（草案）征求意见稿》（以下简称《征求意见稿》）第69条规定："澳门特别行政区立法会由澳门特别行政区永久性居民组成。在立法会中除中国公民外，可以有不超过百分之二十的议员由非中国籍的澳门特别行政区永久性居民组成。"其后在

---

① 《中华人民共和国宪法》第34条规定："中华人民共和国年满十八周岁的公民，不分民族、种族、性别、职业、家庭出身、宗教信仰、教育程度、财产状况、居住期限，都有选举权和被选举权；但是依照法律被剥夺政治权利的人除外。"
② 参见蔡定剑《中国人民代表大会制度》，法律出版社，1998，第192页。
③ 《葡萄牙宪法》（1976年）第125条。

征求意见的过程中，澳门社会出现了不同的意见。一种意见赞同澳门立法会议员均应由中国公民担任，这是一个国家的主权原则和国际惯例，《征求意见稿》的写法是为了照顾土生葡人的利益，起到保障葡裔居民参政权的作用，是比较符合本地实际情况的，是合情合理和适当的。另一种意见认为立法会是居民参与政治的机构，不应以国籍血统来规定，而应当以个人的永久居留地为条件，《征求意见稿》规定的"非中国籍议员不得超过百分之二十"完全没有必要，毫无价值，而且是歧视。第三种意见建议删除该条写法，取消20%的限制，以表公平，理由是《征求意见稿》第26条已规定永久性居民有选举权和被选举权，或者改为立法会中非中国籍永久性居民所占比例由法律另做规定。① 1992年3月5日澳门基本法起草委员会政治体制专题小组提交的工作报告指出："委员们认为，立法会中可以有不超过20%的议员由非中国籍的澳门特别行政区永久性居民担任的规定是对澳门永久性居民中外籍人士参加政治生活的照顾，但澳门有些人士认为这是一种歧视。为避免误解，可以将本条的这个规定删除。修改后的条文为：'澳门特别行政区立法会由澳门特别行政区永久性居民组成。'"② 《澳门基本法》第68条第1款后来改为"澳门特别行政区立法会议员由澳门特别行政区永久性居民担任"。

《澳门基本法》第68条虽然只是规定由澳门特区永久性居民担任立法会议员，没有对立法会议员的资格提出国籍的明确要求。但是澳门回归后应当以中国籍永久性居民为主来组成立法会，是"一国两制"的基本要求。其中，《澳门基本法》已明确规定立法会主席必须具备中国国籍。

2. 年满 18 周岁

享有被选举权的年龄资格可以与享有选举权的年龄资格相同，也可以高于享有选举权的年龄资格。1976年以来，澳门市民享有被选举权的年龄资格一直为年满21周岁，享有投票权的年龄资格则为年满18周岁。2008年立法会选举法修改时，将享有被选举权的年龄资格由21周岁改为18周岁，其理由是与《中华人民共和国宪法》第34条中"年满18周岁的公民有选

---

① 《中华人民共和国澳门特别行政区基本法（草案）征求意见稿》咨询意见报告书，中华人民共和国澳门特别行政区基本法咨询委员会，1991年11月21日，第118~121页。

② 全国人大常委会澳门基本法办公室编《中华人民共和国澳门特别行政区基本法起草委员会文件汇编》，中国民主法制出版社，2011，第199页。

举权和被选举权”的规定保持一致。①

《澳门特别行政区选民登记法》还规定，符合条件的 17 周岁永久性居民可以提前作选民登记，在其年满 18 周岁之日起自动成为确定选民登记。②

3. 具备投票资格

《澳门特别行政区立法会选举法》区分了选举资格和投票资格。所谓选举资格，是指年满 18 周岁且为澳门特别行政区永久性居民的自然人，而具备选举资格者只有在做了选民登记后，才被认定为具备投票资格。“如已作选民登记并被登录在选举日期公布日前最后一个已完成展示的选民登记册，则推定在直接选举中具有投票资格。”③ 也就是说，只有做选民登记者，才具有投票资格；若不做选民登记，即使符合相关条件，亦不具有投票资格。然而，《澳门特别行政区立法会选举法》还明确指出，以下人士无投票资格。

（1）经确定判决宣告为禁治产人。禁治产人的核心问题是他无能力处理本人人身及财产事务。《澳门特别行政区民法典》规定，因精神失常、聋哑或失明而显示无能力处理本人人身及财产事务的人，经法院判决，可以被宣布为禁治产人。被宣布为禁治产人，通常是成年人或亲权已解除之人。对于亲权未解除的未成年人，为禁治产之效果可自未成年人成年之日起查收，得在其成年前一年内请求并宣布禁治产。④

（2）被认为是明显精神错乱且被收容在精神病治疗场所或经由三名医生组成的健康检查委员会宣告为精神错乱的人，即使其未经法院判决宣告为禁治产人亦然。没有被法院宣布为禁治产但属于精神错乱者，亦不具有投票资格。

（3）经确定裁判宣告被剥夺政治权利的人。剥夺政治权利最核心的内容是剥夺选举权和被选举权。《澳门特别行政区选民登记法》第 43 条规定：“因实施任何关于选民登记的犯罪而科处的刑罚，得加上中止行使政

---

① 负责审议法案的立法会第一常设委员会提出将 21 岁降为 18 岁。政府代表认为，基于一国两制原则，未必需要在这方面保持一致，但未获接纳。不过，这项重大的修改在委员会的报告书里则未有提及。参见赵向阳《澳门选举制度》，社会科学文献出版社、澳门基金会，2013 年，第 119 页；第 12/2000 号法律《澳门特别行政区选民登记法》第 10 条及第 3/2001 号法律《澳门特别行政区立法会选举法》第 2 条。

② 《澳门特别行政区选民登记法》第 17 条。

③ 《澳门特别行政区立法会选举法》第 3 条。

④ 第 39/99/M 号法令《澳门特别行政区民法典》第 122 条。

治权利二年至十年的附加刑。" 这指的是因剥夺政治权利而丧失投票资格者。①

4. 具备被选资格

经第 11/2008 号法律、第 12/2012 号法律及第 9/2016 号法律修改的第 3/2001 号法律《澳门特别行政区立法会选举制度》第 5 条规定："凡具有投票资格且年满十八周岁的澳门特别行政区永久性居民，均具有被选资格。"然而，该法第 6 条规定，下列者无被选资格：①行政长官；②主要官员；③在职的法院司法官及检察官司法官；② ⑤该法第 4 条所规定的无投票资格者，即禁治产人、精神错乱者及被剥夺政治权利的人；⑥任何外国议会或立法议会的成员，尤其是联邦级、国家级、地区级或市级议会或立法议会的成员；⑦任何外国政府成员或公共行政工作人员，尤其联邦级、国家级、地区级或市级政府的成员或公共行政工作人员。⑧拒绝声明拥护《中华人民共和国澳门特别行政区基本法》和效忠中华人民共和国澳门特别行政区者，或事实证明不拥护《中华人民共和国澳门特别行政区基本法》或不效忠中华人民共和国澳门特别行政区者；⑨放弃议员资格者，但仅限于同一立法届且在其放弃资格产生效力后一百八十日内为填补选任议员的出缺而进行的补选。

（二）政治资格

所谓议员的政治资格，是指议员在具备被选资格的基础上还必须效忠国家，服膺宪法，认同和尊重本国宪法确立的政治体制。"只有对共同体表示基本效忠的人才会真正关心共同体的利益，并做出对共同体最有利的决定。"③

所谓澳门立法会议员的政治资格，是指议员首先忠于"一国两制"。邓小平在讲到"港人治港"时，指出必须以爱国者为主体："港人治港有个界线和标准，就是必须由以爱国者为主体的港人来治理香港。""什么叫爱国者？爱国者的标准是，尊重自己民族，诚心诚意拥护祖国恢复行使对香港的

---

① 剥夺政治权利的表述并非十分准确，准确的表述应为中止政治权利。参见赵向阳《澳门选举制度概说》，社会科学文献出版社、澳门基金会，2013，第 79 页。
② 主要是沿袭以往的规定。
③ 张千帆：《宪政原理》（2015 年增补），法律出版社，2011，第 100 页。

主权，不损害香港的繁荣和稳定。只要具备这些条件，不管他们相信资本主义，还是相信封建主义，甚至相信奴隶主义，都是爱国者。我们不要求他们都赞成中国的社会主义制度，只要求他们爱祖国，爱香港。"[1] 这段论述也适用于"澳人治澳"。澳门回归结束了葡萄牙长期的殖民统治，澳门居民以爱国主义为旗帜，团结起来，实行"澳人治澳"和高度自治，就必须以爱国者为主体的"澳人"来治理澳门。而且，澳门立法会也必须由以爱国者为主体的澳门当地民众组成。所以，澳门立法会 2016 年 12 月 16 日通过的第 9/2016 号法律修改立法会选举法，明确规定拒绝声明拥护《中华人民共和国澳门特别行政区基本法》和中华人民共和国澳门特别行政区者，或事实证明不拥护《中华人民共和国澳门特别行政区基本法》或不效忠中华人民共和国澳门特别行政区者，无被选资格。

对国家效忠是从政者的基本伦理，爱国是对"治澳者"的基本要求。[2]澳门立法会是澳门特别行政区立法机关，澳门立法会议员是"治澳队伍"里的重要成员，肩负着正确理解和贯彻落实《澳门基本法》的重任，承担着维护国家主权、安全和发展利益，保持澳门特别行政区长期繁荣稳定的重要职责。立法会的组成必须体现爱国者治理的原则。这就对立法会议员的政治资格提出明确要求。《澳门基本法》第 101 条和第 102 条规定，澳门立法会议员必须拥护《中华人民共和国澳门特别行政区基本法》，效忠中华人民共和国澳门特别行政区，并依法宣誓；澳门立法会主席还必须宣誓效忠中华人民共和国。《澳门基本法》第 81 条规定，立法会议员若违反誓言，经立法会决定，即丧失议员资格。宣誓效忠是对议员政治资格的要求。《澳门基本法》对立法会议员的法律资格没有提出明确的国籍要求，这就意味着具有外国籍的永久性居民也可以依法成为澳门立法会议员。然而，对立法会议员的要求除对澳门特别行政区宣誓效忠外，还包括不得出任其他国家的议员，或者不得在外国担任任何具有实质意义的公共行政职位。

"爱国爱澳"是对澳门特别行政区立法会议员在政治方面的资格要求。

---

[1]　邓小平：《一个国家，两种制度》（1984 年 6 月 22 日、23 日），《邓小平文选》第 3 卷，人民出版社，1993，第 61 页。

[2]　还可参见《"一国两制"在香港特别行政区的实践》白皮书。

第一，"爱国爱澳"不在于赞成什么主义，信奉什么政治观点，采取什么生活方式，只要他们拥护和认同"一国两制"，维护中华民族的尊严，诚心诚意拥护中国政府对澳门恢复行使主权，维护国家利益和澳门特别行政区的共同利益，愿意维护澳门地区的繁荣稳定和发展，忠诚于澳门特别行政区，廉洁奉公，为澳门特别行政区的发展尽心竭力，就属于"爱国爱澳"人士。第二，要全面准确地贯彻"一国两制"方针，既要讲"一国"，又要讲"两制"。讲"一国"，就是必须保证国家主权的完整统一，主权只能由中央人民政府行使，中央人民政府的权威不容动摇；讲"两制"，就是必须保证"澳人治澳"、高度自治，支持特别行政区政府依照《澳门基本法》施政，不能干扰特别行政区政府和行政长官的工作。

立法会产生办法不能为了民主而民主，不能为了选举而选举。古代的政治人才选拔机制在选用政治人才时，首先是看其品德，要求必须是"德才兼备"。这里的"德"就包含政治素质的要求。澳门立法会是澳门特别行政区政治体制的重要组成部分，其产生办法首先要求产生符合"一国两制"事业需要的有政治素质的议员。

许多国家的宪法明确规定议员在就职时必须宣誓效忠，如果拒绝宣誓，或者宣誓时对誓言有保留，抑或在宣誓后违反誓言，就会丧失议员资格。《澳门基本法》第 101 条规定，澳门立法会议员必须拥护《中华人民共和国澳门特别行政区基本法》，尽忠职守，廉洁奉公，效忠中华人民共和国澳门特别行政区，并依法宣誓。第 102 条规定，立法会主席除按上述规定宣誓外，还必须宣誓效忠中华人民共和国。第 4/1999 号法律《就职宣誓法》规定，澳门立法会议员的誓言为："我谨此宣誓：本人就任中华人民共和国澳门特别行政区立法会议员，必当拥护并执行《中华人民共和国澳门特别行政区基本法》，效忠中华人民共和国澳门特别行政区，尽忠职守，遵守法律，廉洁奉公，竭诚为澳门特别行政区服务。"澳门立法会主席的誓言为："我谨此宣誓：本人就任中华人民共和国澳门特别行政区立法会主席，必当拥护并执行《中华人民共和国澳门特别行政区基本法》，效忠中华人民共和国及其澳门特别行政区，尽忠职守，遵守法律，廉洁奉公，竭诚为澳门特别行政区服务。"①

---

① 　第 4/1999 号法律《就职宣誓法》（经第 9/2001 号法律修改）附件。

宣誓是立法会议员任职的法定条件和必经程序。若拒绝宣誓，则丧失就任资格，既不得就任议员职位，也不得行使相应职权和享受相应待遇。关于立法会议员的宣誓安排，若是开始新立法届的立法会议员宣誓，则由担任议员时间最长者领誓；若有两名或以上议员担任议员时间相同，则由其中最年长者领誓。若是立法届内补选或委任的议员宣誓，则由立法会主席主持及监誓，如果主席缺席，由副主席主持及监誓。立法会主席的宣誓，由行政长官主持及监誓，并由行政长官订定时间。① 宣誓必须符合法定的形式和内容要求，整个宣誓过程应当严肃庄重。立法会议员在宣誓时既不能增加誓词内容，也不能减少誓词内容，必须真诚、庄重地进行宣誓，必须准确、完整、庄重地宣读包括"拥护《中华人民共和国澳门特别行政区基本法》，效忠中华人民共和国澳门特别行政区"内容的法定誓言。宣誓人故意宣读与法定誓言不一致的誓言或者以任何不真诚、不庄重的方式宣誓，也属于拒绝宣誓，所作宣誓无效，宣誓人即丧失议员就任资格。

（三）道德要求

所谓议员的道德资格，是指议员在具备被选资格的基础上还必须做到品行端正，在道德上值得民众信任。我国宪法明确规定，全国人大代表必须模范地遵守宪法和法律，在自己参加的生产、工作和社会活动中协助宪法和法律的实施，并应当同人民保持密切联系，听取和反映人民的意见和要求，努力为人民服务。② 这就是对全国人大代表在遵守法律方面提出的更高的道德要求。

在选举过程中，选民投票本身就包含对候选人能够真实代表选民利益和品行端正的期待。丹麦宪法明确指出，因实施犯罪而被公众认为不应担任议员者，不得担任议员。意大利宪法规定，若公民存在法律规定的道德缺失，可以限制其选举权限。③《英国议会成员行为守则》明确指出，议员有责任遵守无私、正直、客观、责任、公开、诚实等一般行为通则。④

---

① 第4/1999号法律《就职宣誓法》（经第9/2001号法律修改）第5、8条。
② 《中华人民共和国宪法》（1982年）第76条。
③ 《丹麦王国宪法》第30条和《意大利共和国宪法》第48条。
④ 转引自孙骁骥《英国议会往事：议会不是一天开成的》，中国法制出版社，2011，第229～230页。

在委任议员制度下，议员的道德资格就显得尤为重要，有些国家的宪法对被委任者的声誉和道德评价提出明确要求。1976 年的《澳门组织章程》明确规定，总督在委任议员时要求其人选必须"在当地社会具有相当声誉"，1990 年则改为"在当地社会具有功绩及声誉"。这就对议员的道德素质提出明确的法定要求。澳门立法会议员必须具备在道德方面值得民众信赖的品质，这对于由行政长官委任的部分议员更是如此。

三 议员资格要求与澳门立法会产生办法

（一） 立法会产生办法是实现议员资格要求的保障

议员资格就是指一个人成为议员的所有条件的总和。立法机关是政治体制的重要组成部分，承担着制定法律、议决财政以及监督政府的功能，这就要求议员必须具备一些最基本的条件。澳门特别行政区立法会议员的资格要求包括法定条件、政治资格和道德要求。议员的法定条件就是指议员必须具备被选资格的构成要件。议员的政治资格是指议员必须爱国，忠于"一国两制"。议员的道德要求是指立法会议员必须品行端正，尽忠职守和廉洁奉公。

不仅如此，澳门立法会议员还必须有相应的能力和经验。现代社会的发展要求议员不能是清谈的政客，而应该是具有多方面才能的专家：不仅要有"宏观的才略"，还应该具有"微观的才能"。[1] 议员应由来自各方面的人士组成，能够代表不同性别、种族、职业、地区、智慧、利益、立场、见解和受教育程度的选民。并非每个人都能代表人民良好地参政与议政，这就必然要求议员比一般选民具有更高的素质。[2]

议员的能力素质，是其履行议员职能的重要前提，包括以下三方面。第一，代表意识。议员必须深刻理解立法会的性质与职能，明确自己的民意代表身份，议员不仅是一种荣誉性职务，而且是社会交托的一份沉甸甸的责任。第二，服务意识。议员必须意识到其是由澳门选民选出的，必须代表选

---

① 赵树民：《比较宪法学新论》，中国社会科学出版社，2000，第 449 页。
② 李树忠：《国家机关组织论》，知识产权出版社，2004，第 28 页。

民说话，为选民的利益发声，密切联系选民，真正深入基层，倾听民声，反映民意。第三，大局意识。议员必须能够站在国家利益和澳门特别行政区整体利益的角度上，把握特别行政区定位，从澳门社会情况出发，推动澳门社会各项事业的发展，与时俱进，集思广益，为澳门居民谋取利益。

立法会议员资格方面的要求以及能力素质要求，是与立法会产生办法紧密相连的。总而言之，立法会产生办法是实现议员资格要求的保障。

（二）议员资格丧失制度对立法会产生办法的要求

《澳门基本法》第81条明确规定了议员资格丧失的五种情况。这五种情况恰恰反映了对议员在法律、政治和道德方面以及能力素质方面的要求。这五种情况如下。

（1）因严重疾病或其他原因无力履行职务。严重疾病是指议员由于身体健康上的原因无力正常维持议员的工作，履行议员的职责。其他原因包括：①无被选资格；②被判处刑法典第307条所规定的附加刑，即因妨害政治、经济以及社会制度罪而被判处褫夺选举权利；③从事不可延缓、具持久性且实质上与议员职务正常履行相抵触的活动。上述第2项和第3项不仅包括引致嗣后无力履行职务的事实，而且包括议员在选任或委任前的事实，但有关事实经法院确定裁决后，立法会不得进行复议。①

（2）担任法律规定不得兼任的职务。澳门回归前，立法会议员不得担任政务司官员，不得兼任咨询会委员。② 澳门回归后，尚无一部法律明确规定议员不得兼任哪些职务。第3/2001号法律《澳门特别行政区立法会选举制度》第4条明确指出，"澳门特别行政区的公共行政工作人员，由行政长官委任在公务法人内、尤其在自治机关及自治基金组织内任职的全职人员，以及由行政长官委任在公共服务或使用属公产的财产的承批实体内及在澳门特别行政区有参资的公司内任职的全职人员，于出任立法会议员期内，均不得担任其有关的职务"，并明确规定在立法会议员选举制度中，行政长官、主要官员、在职的法院司法官及检察院司法官、任何宗教或信仰的司祭，以

---

① 第3/2000号法律《澳门特别行政区立法会立法届及议员章程》第20条。

② 杨静辉、李祥琴：《港澳基本法比较研究》，北京大学出版社，1997，第339页。

及该法律所规定的无投票资格者无被选资格。① 因此，澳门立法会议员不得兼任以下职务：①行政长官；②政府主要官员；③法官和检察官，包括法院院长和检察长；④公共行政工作人员。值得指出的是，由于《澳门基本法》已经明确行政会委员由行政长官从立法会议员、政府主要官员和社会人士中委任，因此立法会议员可以兼任行政会委员。2016 年 12 月立法会通过修改立法选举法的决定，规定立法会议员在任职期间不得担任任何外国议会、立法议会的成员，也不得担任任何外国政府成员或公共行政工作人员。

（3）未得到立法会主席同意，连续 5 次或间断 15 次缺席会议而无合理解释。第 3/2000 号法律《澳门特别行政区立法会立法届及议员章程》进一步规定，任何缺席全体会议或委员会会议的解释，应于构成正当理由的事实完结后五日内，以书面声明的形式向立法会主席或有关委员会主席提出。正当理由包括：①患病；②结婚；③子女出生；④丧事；⑤参加立法会议员团或代表团；⑥参加官方行为或工作。

（4）违反立法会议员誓言。违反誓言包括两种情况：明确放弃效忠，以及做出在客观上对澳门特别行政区不忠的事实。明确放弃效忠应当由议员以书面声明向立法会主席提出，或在全体会议上以口头方式做出。客观上做出对澳门特别行政区不忠的事实包括：①做出《澳门特别行政区刑法典》第二卷第五编第一章"妨碍政治、经济及社会制度罪"规定的刑事不法行为；②做出第 6/1999 号法律《区旗及区徽的使用及保护》第 7 条"侮辱区旗区徽罪"规定的刑事不法行为；③其他情况。第 3/2000 号法律《澳门特别行政区立法会立法届及议员章程》将"客观上做出对澳门特别行政区不忠的事实"仅界定为上述前两项所指的情况，是不严谨的，应当还包括其他对澳门特别行政区不忠的情况。

（5）在澳门特别行政区区内或区外犯有刑事罪行，被判处监禁 30 日以上。《澳门特别行政区刑法典》规定不得设死刑和无期徒刑，徒刑最低为一个月，最高可达 25 年，在例外情况下，最高可达 30 年。② 如果立法会议员在澳门特别行政区以外的地区被执行 30 年以上的徒刑、无期徒刑和死刑，亦属于这里的"监禁三十日以上"。如果立法会议员在区内或区外被执行剥

---

① 《澳门特别行政区立法会选举法》第 6 条。
② 《澳门特别行政区刑法典》第 39 条和第 41 条。

夺或限制人身自由 30 日以上，但不属于刑事犯罪者，则不属此限。

议员资格丧失的决定，由全体会议在听取章程及任期委员会意见后做出。由章程及任期委员会展开程序，并对上述五种情况的事实获证明与否发表意见。有关议员在章程及任期委员会和全体会议上有辩护权，并可以在全体会议做出确定性决议前继续担任职务。辩护权的行使，适用第 57/99/M 号法令《行政程序法典》有关听证的规定。有关资格丧失的决议须在《澳门特别行政区公报》上公布。

第 3/2000 号法律《澳门特别行政区立法会立法届及议员章程》还规定了议员职务中止和议员资格放弃。议员职务中止和议员资格丧失的区别在于：①议员资格一旦丧失，就不再是议员，不能在本届任期内重新出任议员。而职务中止仅对议员的义务及其职务上的权利产生效力，并具有批准针对议员的刑事诉讼继续进行的效力。②议员资格丧失的条件已经由《澳门基本法》第 81 条明确界定，而议员职务中止发生在议员被提起刑事诉讼的情况下。③议员职务中止分为强制性职务中止和非强制性职务中止。如果议员因故意犯罪且该罪的刑罚上限为五年或五年以上徒刑而在特别行政区被提起刑事诉讼，或者属于现行犯，且该罪的刑罚上限为超逾三年徒刑的情况，则其职务中止属于强制性职务中止；而在其他情况下，法官在已做出控诉批示，但没有展开预审，或已经进行预审，并做出确定性的起诉批示或同类批示的，应当通知立法会，由立法会决定是否中止其议员职务。议员资格的放弃必须由议员向立法会主席提交书面声明，经立法会执行委员会在立法会全体会议上宣布后，放弃即生效。议员职务中止和议员资格放弃都必须在《澳门特别行政区公报》上公布。

如果议员在任期内死亡，或立法会被解散，议员的资格即告终止。议员资格终止，不必经《澳门基本法》第 81 条所规定的法律程序。若立法会议员在任期内死亡，可由立法会主席宣告议员资格终止。若立法会被行政长官解散，可由行政长官在有关解散的行政命令里予以宣告。议员资格终止，亦应当在《澳门特别行政区公报》上公布。

澳门立法会产生办法是指议员是怎样产生的，而《澳门基本法》第 81 条所指的议员资格丧失，是指议员在任期内是怎样"消灭"的，这套制度可以称为议员"消灭"办法。这两者是对应的，即所谓"有生必有死"，在逻辑上构成一个整体。《澳门基本法》第 81 条所指的五种资格丧失情况中，有的违反了议员在政治方面的资格要求，有的违反了议员在道德方面的资格要求，有的使议员丧失了当选的法定条件。议员职务中止，虽不必然导致资格丧失，但说明议员在其担任职务以后在道德诚信等资格方面出现了问题或危机。这些规定对议员本身应当具备的资格条件和能力素质提出了内在要求。因此，立法会议员资格丧失制度反过来对立法会产生办法构成约束，对立法会产生办法的制定提出了要求。

第四章 居民的民主权利与
澳门立法会产生办法

澳门立法会由直接选举、间接选举和委任三种方式产生，这既符合澳门社会的实际情况，也符合澳门特别行政区政治体制运作的总体要求。而从居民参与政治和推进地方民主的角度审视，它同样符合民主的理念和制度，是澳门特别行政区实行地方民主制度的创新和对澳门居民政治权利的重要保障。

一 民主的理念和制度

（一）民主的理念和制度

建设民主政治是当代政治体制的重要内容。在中文中，"民主"一词最早出自我国的古代典籍《尚书》："天惟时求民主，乃大降显休命于成汤，刑殄有夏。"① 然而这里的民主是指"民之主"，不是我们现在所使用的民主（democracy）。我们现在所使用的"民主"一词来自古希腊文 demokratia。该词由"demos"与"kratein"组成，前者表示"人民"（the people）或"民众"（the common），后者表示"统治"（rule）、"支配"（sway）或是"权威"

---

① 《尚书》。

(authority)。因此，其含义是"人民统治"或是"民众政府"（popular government）。① 在古希腊诸城邦中，雅典的民主政体最具代表性。古希腊历史学家希罗多德（Herodotus，公元前484～前430年）在其名著《历史》里最早把雅典的政治制度称为民主政治。雅典执政官伯里克利（Pericles，约公元前495～前429年）在阵亡将士国葬典礼上说："我们的制度之所以称为民主政治，因为政权是在全体公民手中，而不是在少数人手中。"②

雅典的民主是由公民来统治，并设置公民大会，用抽签方式决定政治官员。城邦政治的管理、神祇祭祀以及对外战争等皆属于公民的主要参与事项，然而，当时的著名思想家柏拉图（Plato，公元前427～前347年）与亚里士多德（Aristotle，公元前384年～前322年）对雅典民主政治都持反对和怀疑态度。柏拉图的早期著作《理想国》认为，最好的政体是"哲学王的统治"，在他著名的政体循环理论中，民主政体破坏了传统的伦理道德，最终走向"僭主政体"。亚里士多德认为，在民主政体下，权力分配虽比较平均，但多数人多为贫穷者，皆为自己的利益而活，若他们拥有多数权力，社会将变得自私、粗俗、贫穷、紊乱，更会形成暴民政治（Mob rule）。③ 在亚里士多德关于政体分类的理论中，正宗的政体是共和政体，其变态政体就是民主政体。④

亚里士多德在《政治学》一书中提出，一切政体都有三个要素——议事机能、行政机能和审判机能——作为其构成基础。英国的洛克（John Locke，1632～1704）在资产阶级革命期间提出了分权思想，指出立法权是最高、最神圣和最不可变更的权力。孟德斯鸠（Montesquieu，1689～1755）在此基础上提出了现代意义上的三权分立理论，指出为了确保人民自由，立法权、行政权和司法权应该分立并由三个不同的机关行使，从而保持权力的平衡。法国大革命前夕，卢梭（Jean-Jacques Rousseau，1712～1778）阐述了"人生而自由、平等"的民主思想，提出了人民主权思想：国家是由全体个人结合而形成的，代表"普通利益"和"公共意志"，国家的主权属于人民而

---

① 林诠绍编著《民主与法治》，台北新文京开发出版股份有限公司，2007，第1页。
② 转引自刘军宁编《民主二十讲》，中国青年出版社，2008，第3页。
③ 林诠绍编著《民主与法治》，台北新文京开发出版股份有限公司，2007，第2页。
④ 〔古希腊〕亚里士多德：《政治学》，吴寿彭译，商务印书馆，1995，第134页。在该书中，译者将雅典和其他民主政体译为平民政体。

非君主，在此基础上，他提出了由人民或其代表行使主权的政治原则。这就为近代以来建设民主化政治体制奠定了理论基础。

政治是对公共事务的决策、决定和参与。近代以来的政治体制是围绕建设民主政治建立起来的。民主政治的内涵主要包括以下三方面内容。

第一，民意政治。所谓民意政治，是指民主政治必须以人民的意见为依归，政治决策必须建立在人民意见的基础上。美国的《独立宣言》明确宣称："政府的正当权力是经被治者的同意而产生的，政府如果破坏这些权益，不论其形态为何，人民均有权将其变更或废除，而另行建立新政府。"民意是指人民意见的表达与呈现，人民对政治决策有同意和不同意的自由，若人民不同意，政治决策便失去正当的依据。民意政治是民主政治的首要特征。

第二，法治政治。所谓法治政治，是指法律面前人人平等，并以法律约束政府的权力。1789 年法国《人权宣言》第 6 条规定："法律是公共意志的表现。全国公民都有权亲身或经由其代表去参与未经法律禁止的行为。法律对于所有的人，都是一样的。在法律面前，所有的公民都是平等的，故他们都能平等地按其能力担任一切官职、公共职位和职务，除德行和才能上的差别外不得有其他差别。"民主政治必然要求人民通过民主的形式制定法律，这些法律的目的是保障人民的自由、权利，而且政府权力的行使必须以法律为根据。

第三，责任政治。所谓责任政治，是指人民是国家的主人，政府必须就自己的决策向人民负责。责任主要包括政治责任和法律责任。政治责任是指政治官员制定符合民意的公共政策并推动其实施的职责以及没有履行好职责时所应承受的谴责和制裁。法律责任是指政府及其公务员行使权力必须依法而行，倘若违背法律，则必须承担法律责任，包括国家赔偿责任以及公务员个人的刑事、行政和民事责任等。

这种民主政治要求立法的专门化和立法的民主化。第一，洛克和孟德斯鸠提出了国家权力划分理论。孟德斯鸠认为，为了确保人民的政治自由，必须将国家权力划分为立法权、行政权和司法权，以保持权力平衡；既然有专门的立法权，就必须建立专门的立法机关。第二，立法权是主权的首要体现，是指制定、修改和废除法律的权力。主权者必须通过行使立法权，将自己的意志和利益以法律的形式表现出来，使之具有让人们普遍遵守的效力。

第三，根据人民主权原则，既然主权源于人民并属于人民，那么立法权也应源于人民并属于人民。因此，立法权以及落实立法权的运作规则只有在人民的参与和同意下才能获得合法的来源和正当的基础。①

洛克指出，"只有人民才能通过组成立法机关和指定由谁来行使立法权"。② 卢梭说："主权者除了立法权力之外便没有任何别的力量，所以只能依靠法律行动，而法律不过是公意的正式表示，所以惟有当人民集合起来的时候，主权者才能行动。"③ 康德说："立法权，从它的理性原则来看，只能属于人民的联合意志。"④ 然而，由人民共同直接行使立法权只是宪法上的理想原则，所以孟德斯鸠在《论法的精神》中指出，立法权应该由人民集体享有，"然则这在大国是不可能的，在小国也有许多不便，因此人民必须通过他们的代表来做一切他们自己所不能做的事情"。⑤ 这就要求立法专门化，设立代议机关，让人民通过选举将立法权委托给代议机关行使。代议机关是专门行使立法权的机关，并以人民的名义对行政机关进行监督。

（二）民主的渐进发展

民主的发展是一个渐进的历史过程。古希腊和古罗马在某个时期实行过奴隶制民主，有过一些简单的选举制度。近代资产阶级革命以来，以美国和欧洲国家为代表的西方资本主义国家的民主选举制度经历了一个漫长的历程，直到20世纪50年代才确立起我们今天所说的普选制度。其发展过程可以归纳为以下五个阶段⑥。

1. 第一阶段

在资产阶级革命前和资产阶级革命胜利初期，实行等级投票制，即只有拥有某种社会等级和身份，如贵族、教士、拥有一定财产的市民或地主，才可以取得选举资格。如英国1295年召集的模范议会的参会人数达到400多人，由三部分组成：① 2位大主教、19位主教、48位大修道院院长、7位

---

① 黄洪旺：《立法与公众参与研究》，福建人民出版社，2015，第123页。
② 〔英〕洛克：《政府论》下册，叶启芳、瞿菊农译，商务印书馆，1964，第88页。
③ 〔法〕卢梭：《社会契约论》，何兆武译，商务印书馆，2003，第114页。
④ 〔德〕康德：《法律哲学》，张学仁等编译《西方法律思想史资料选编》，北京大学出版社，1983，第419页。
⑤ 〔法〕孟德斯鸠：《论法的精神》，张雁深译，商务印书馆，1997，第158页。
⑥ 胡盛仪、陈小京、田穗生：《中外选举制度比较》，商务印书馆，2000，第76页。

伯爵、41 位男爵，由国王特诏赴会；②每个主教管区有 2 名教士代表，由主教决定；③每个郡有 2 名骑士代表，每个市有 2 名市民代表，每个自治市有 2 名市民代表，由各郡市选举产生。① 此后英国议会制度继续发展。1689年的《权利法案》规定国会实行自由选举，然而根据 1711 年法律，郡议员须有 600 英镑以上的土地年收入，市镇议员须有 300 英镑以上的不动产年收入，而且一个议席可以卖 4000～5000 英镑。因此，即使到了 18 世纪中叶，英国 700 万人口中也仅有 15 万人有选举权。②

2. 第二阶段

1777 年美国独立革命和 1789 年法国大革命后，纳税选举制取代等级选举制，投票规则日益标准化，以一定财产和收入作为允许公民取得选举权的标准，但存在着投票权数量的不平等。如美国联邦宪法对选举资格没有做出规定，但规定在选举国会议员时，黑人人口以白人的 3/5 计算。③ 选举资格由各州规定，从各州规定的选举资格来看，享有选举权的仅为白人、男性公民以及有财产者，有的州其全部成年男子中仅有 10% 左右的人有选举权。④美国建国初期，当时全国享有选举权的人仅占全体成年人口的 4%。⑤

又如 1789 年法国《人权宣言》宣称人人生而平等，但《1791 年宪法》将公民分为积极公民和消极公民。积极公民享有选举权和被选举权，消极公民则没有这两种权利。积极公民是指"已经缴纳相当于三个工作日价值的直接税"，"不处于被雇佣的奴役地位"，"已在其住所的市乡政府的国民军花名册上登记"的人。当时法国 2600 万人口中，享有选举权利的所谓积极公民仅有 430 万人。⑥

3. 第三阶段

纳税标准降低，选举权逐步扩大，但仍然维持复数投票制，即一个人可以拥有多个投票权。如法国《1795 年宪法》规定实行间接选举，选举权有较

---

① 刘建飞、刘启云、朱艳圣编著《英国议会》，华夏出版社，2002，第 6 页。
② 杨伯华、明轩：《资本主义国家政治制度》，世界知识出版社，1984，第 91 页。
③ "众议员名额和直接税税额，在本联邦可包括的各州中，按照各自人口比例进行分配。各州人口数，按自由人总数加上所有其他人口的五分之三予以确定。自由人总数包括必须服一定年限劳役的人，但不包括未被征税的印地安人。"见美国宪法第 1 条第 2 款第 3 节规定。
④ 王广辉：《比较宪法学》，武汉水利电力大学出版社，1998，第 224 页。
⑤ 李步云主编《宪法比较研究》，法律出版社，1998，第 644 页。
⑥ 洪波：《法国政治制度变迁：从大革命到第五共和国》，中国社会科学出版社，1993，第 325 页。

高的财产资格限制，只有缴纳土地税和人头税且居住期限必须年满1年的人，才有选举权。拿破仑执政时期，选民只能选举候选代表，再由拿破仑从候选代表中遴选立法机关正式成员。[①] 波旁王朝复辟时期，宪法进一步缩小选举权，规定男子30岁以上、每年缴纳直接税300法郎者，或年满40岁、每年交纳直接税1000法郎者才有被选举权。当时法国3000多万人口中，只有8万人有选举权，15000人有被选举权。[②] 七月王朝时期，选民的年龄限制由30岁降为25岁，选民的财产资格由每年300法郎降为每年200法郎，有些职业只需要100法郎，然而即使是这样，也依然是极少数有产者才拥有选举权。

英国1832年的《选举改革法》降低了公民的财产资格，规定城市收入10英镑以上房租的房客、农村收入10英镑以上的土地持有者和年收入50英镑以上的租地经营者享有选举权，改革使选民人数增加了近50%，但享有选举权的公民仍然仅占成年公民的5%～7%。

4. 第四阶段

在基层民众兴起争取普选权运动的社会压力下，各国开始逐渐废除复数投票制和其他各种形式上不平等的投票制度，基本上实现成年选民的普选制度，即达到法定标准的成年男性公民均享有投票权。如英国1837年伦敦工人协会发起宪章运动，要求凡年满21岁的男子皆有选举权，废除财产资格，实行秘密投票，平均划分选区，按选民人数产生代表。1867年，民众要求进一步降低选民的财产资格，享有选举权的公民占到成年公民的13%，[③] 但直到1872年才将公开投票改为秘密投票。1884年的《人民代表法》规定，无论是在郡还是在自治市，凡是每年有10英镑价值的任何土地或住房者，即有选举权，从而使城市工人普遍取得选举权。

法国1848年通过的新宪法规定，议员的选举为直接秘密投票，以省为选区，选民资格为年满21岁未被剥夺公民权的男子。1850年，路易·波拿巴当政，将选民的居住资格由6个月改为3年，这使法国的选民人数减少了1/3。

---

① 李步云主编《宪法比较研究》，法律出版社，1998，第644页。
② 王广辉：《比较宪法学》，武汉水利电力大学出版社，1998，第223页。另有一种资料说，享有选举权的只有9.1万人。参见胡盛仪、陈小京、田穗生《中外选举制度比较》，商务印书馆，2000，第42页。
③ 胡康大：《英国的政治制度》，社会科学文献出版社，1993，第221页。

5. 第五阶段

废除对成年公民选举权的各种不合理限制，赋予女性选举权，实现成年公民的选举权普及，除了年龄、国籍、精神状态和没有被剥夺政治权利者，所有成年公民都享有选举权。

在英国，1918 年，《人民代表法》取消了对男子选举权的资格要求，而且首次赋予年满 30 周岁的妇女选举权。1928 年，《国民参政法》将居住期限由 6 个月降为 3 个月，并废除对妇女选举年龄的特别要求，实现了选举上的男女平等。1939 年、1944 年、1945 年、1948 年、1949 年和 1969 年，英国议会先后对选举法进行多次修改，这才实现了年满 18 岁公民的普选权。

1875 年法国恢复共和政体，规定上院议员资格为年满 40 岁且享有公民权，下院议员资格为年满 25 岁且享有公民权，还规定年满 21 岁、享有公民权且在选区居住 6 个月以上的男子都有选民资格，不再规定财产及教育程度的要求和限制。[①] 这一直实施到第二次世界大战期间。1944 年，法国女性获得与男子同样的选举权。1946 年，宪法规定实行男女普选制。1974 年，议会修改选举法将选民的年龄资格由 21 岁降为 18 岁。

在美国，1868 年宪法修正案赋予年满 21 岁男子选举权，其中包括赋予黑人男子选举权；1920 年赋予妇女选举权；1964 年赋予印第安人选举权；1971 年把选举的年龄资格放宽到 18 岁，从而实现了 18 岁公民的普选权。

（三）民主的多样性

民主的内涵是人民统治，即人民当家做主，政府应当为人民服务，政府应当使人民享有平等、自由、权利，增进人民的幸福感。民主的这些理念具有普遍性，可以成为不同时期、不同国家和社会共同追求的价值观和政治理念。然而，民主的这些理念在不同国家"开花结果"时，其形态是多样的。各国在实现民主理念的历史过程中由于文化传统和发展程度不同形成了不同的民主形态和民主模式，并在此基础上形成不同的政治体制、立法体制，以及选举权行使的方式等，从而形成了民主的多样性。

民主的多样性是在不同社会条件下产生的。这些不同的社会条件包括政

①　胡盛仪、陈小京、田穗生：《中外选举制度比较》，商务印书馆，2000，第 42 页。

治文化、历史传统、经济发展、社会背景和意识形态以及公民的政治素质和公共道德等，因而产生了多种多样的受到不同历史文化传统、不同国情和不同发展阶段制约的民主实现形式。1997 年，各国议会联盟大会通过了《世界民主宣言》，其中第 1 条规定："民主是一项公认的理想和目标，它所根据的是全世界各国人民所持有的共同的价值观点，而不论其文化、政治、社会和经济上的差别。因此，这是一项基本的公民权利，应在自由、平等、透明和负责的情况下行使，对各种观点给予充分的尊重，并为政体服务。"第 2 条明确指出："民主既是一种值得追求的理想，也是一种应该按照既反映历史和文化特点、又不违反国际公认的原则、规范和标准的模式加以应用的政府形式。因此，它是一种不断完善的而且永远可以再作进一步完善的状况，其进步有赖于各种政治、社会、经济和文化因素。"① 这就是说，民主是一致值得追求和公认的社会理想和社会目标，且应当是按照本国本地实际情况建立起来的一种具体的政府形式。《世界民主宣言》深刻地阐明了民主的普遍性和特殊性以及两者之间的关系。

民主多样性表现在以下几个方面。

第一，民主可以存在于国体不同的国家。如社会主义国家和资本主义国家都可以建立民主政治，而在资本主义国家，有的实行君主制，有的实行共和制，如美国实行共和制，英国实行君主制。可见，无论是在君主制下还是在共和制下，都可以实行民主政治。

第二，在不同的权力分立模式的政治体制下，也可以实行民主政治。西方资本主义国家奉行分权制衡原则，其权力分立体制主要有三权分立的美国模式、以立法为重点的英国模式和以行政为重点的法国模式。② 在这些国家，产生了与其政治体制相适应的民主政治。

第三，民主政治首先要求立法权的民主化，这包括立法权产生的民主化和立法权运作的民主化。同时，立法权的民主化既包括建立一院制议会，也包括建立两院制议会。

第四，在不同的民主模式下，既可以建立直接选举制度，也可以建立间

---

① 《世界民主宣言》（各国议会联盟大会第 98 届会议结束时通过的宣言，1997 年 9 月 11～15 日，开罗）。

② 许崇德主编《中国宪法》，中国人民大学出版社，1989，第 49～51 页。

接选举制度，如美国的总统选举实际上就是一种间接选举，法国的总统由直接选举产生，英国和日本首相的当选取决于议会中多数党议席，实际上是由人民在选举过程中间接决定。在议会议员的产生方面，亦可以采取多种模式：直接选举、间接选举、混合选举，以及在以选举为主的前提下保留部分委任议席。

民主的多样性在国际法上有明确的确认。1948 年《世界人权宣言》第 21 条对民主和选举权利做出了以下概括性规定："①人人有直接或通过自由选择的代表参与治理本国的权利。②人人有平等机会参加本国公务的权利。③人民的意志是政府权力的基础；这一意志应以定期的和真正的选举予以表现，而选举应依据普遍和平等的投票权，并以不记名投票或相当的自由投票程序进行。"① 在此基础上，1966 年联合国通过的《公民权利和政治权利国际公约》第 25 条规定每个公民应享有下列权利和机会，不受第 2 条所述的区分和不合理的限制：

（甲）直接或通过自由选择的代表参与公共事务；
（乙）在真正的定期的选举中选举和被选举，这种选举应是普遍的和平等的并以无记名投票方式进行，以保证选举人的意志的自由表达；
（丙）在一般的平等的条件下，参加本国公务。②

《公民权利和政治权利国际公约》第 2 条所述的区分，是指公约缔约国承担尊重和保障该公约所载权利的实现，而"不分种族、肤色、性别、语言、宗教、政治或其他见解、国籍或社会出身、财产、出生或其他身份等任何区别"。《公民权利和政治权利国际公约》第 25 条确立了公民在民主社会中的政治参与权。其内涵包括政治参与的形态、间接参与的程序保证、政治参与的一般条件。③ 第 25 条第 1 款指出公民对公共事务的参与有直接参与

---

① 联合国大会第 217 号决议（A/RES/217）。
② 本条的另一译文为："凡属公民，无分第 2 条所列之任何区别，不受无理限制，均应有权利及机会：（甲）直接或经由自由选择之代表参与政事；（乙）在真正、定期之选举中投票及被选。选举权必须普及而平等，选举应以无记名投票法行之，以保证选民意志之自由表现；（丙）以一般平等之条件，服本国公职。"
③ 陈光中主编《〈公民权利和政治权利国际公约〉批准与实施问题研究》，中国法制出版社，2002，第 457 页。

和间接参与两种方式。直接参与的方式有担任公职行使权力，参与全民公决和参与公共事务的讨论和对话等。① 间接参与就是"通过自由选择的代表"来参与公共事务，这就要求建立一个能够体现公民真实意志的定期选举制度。第 25 条第 2 款规定了间接参与的程序保证。第 25 条第 3 款规定了平等担任公职的权利。值得指出的是，第 25 条并没有规定具体的选举制度。也就是说，《公民权利和政治权利国际公约》没有规定哪些机关应该通过选举产生，这一问题取决于该国建立起来的民主模式和政治制度。公约并不要求缔约国采取某种具体的选举制度，只要该国建立起来的选举制度能够有效保证公民的政治参与权利。公约更没有要求必须一定建立直接选举制度，也不能从第 25 条推导出行政机关必须由选举产生这一结论。②

缔约国在签署、加入和批准《公民权利和政治权利国际公约》时，有权对该公约的部分条款做出保留（Reservation），其中也包括对第 25 条做出保留。保留具有三种可能形式：宣布摒弃某一条款；要求改变某一条款中的部分用语；做出对条约的特别的解释。保留的目的在于排除或更改条约中某些规定对该国的约束力。③ 曾经对《公民权利和政治权利国际公约》第 25 条或其（乙）项或（丙）项提出保留、声明或通知的国家有澳大利亚、比利时、科威特、摩纳哥、墨西哥、瑞士、英国、荷兰等。④《公民权利和政治权利国际公约》允许保留，这反映了国际人权公约对民主选举的包容和民主的多样性，体现了民主普遍性和特殊性的统一。

（四）国家民主和地方民主

民主是政治的一种表现形式，有国家民主和地方民主之分。这是因为，民主的性质首先取决于政治的性质，而国家政治和地方政治本身就有根本性的区别。国家政治具有主权属性，主要是在全国范围内处理和协调国家

---

① 具体可参见联合国人权事务委员会在 1996 年 7 月 12 日第 57 届会议上提出的第 25 号一般性意见书（政治权利）第 6 点意见。
② 〔奥〕曼弗雷德·诺瓦克：《公民权利和政治权利国际公约评注》，孙世彦、毕小青译，三联书店，2008，第 594、597、599 页。
③ 曹建明、周洪钧、王虎华主编《国际公法学》，法律出版社，1998，第 203 页。
④ 截至 2004 年 5 月 1 日，其中澳大利亚、比利时、墨西哥、英国和荷兰的保留或声明已撤回。见〔奥〕曼弗雷德·诺瓦克《公民权利和政治权利国际公约评注》，孙世彦、毕小青译，三联书店，2008，第 1159 页。

事务以及国家的对外关系；而地方政治本身没有主权属性，主要是在中央政府制定的制度框架和法律体系下开展工作，管理地方事务，地方的权力来自授权而且是有限的，更多地被要求在中央政府的指示下处理当地的公共事务。

因此，国家民主面临的首要问题是确认国家权力的合法性，而地方民主的主要目的不在于解决政权的合法性问题。地方必须接受中央政府的指示行动，地方民主在更大程度上是协调各种分歧，在中央政府的指示下解决具体问题，因此更注重兼顾各方利益，选出更优秀和更合适的人才担任地方领导和政治职位，保持社会稳定，促进经济繁荣。

国家民主和地方民主既相同，也有不同。国家民主和地方民主的共同点在于其最终目的都是服务于人民当家做主这个最根本的目标。投票选举是当代民主的重要表现形式，在这一点上，国家民主与地方民主在选民资格的设定、候选人资格限制、选区划分、选票的统计和计算方法，以及选举过程中的选举技术问题上没有原则性的不同。

国家民主与地方民主的区别在于以下三方面。

第一，地方民主对国家民主具有从属性。地方政治本身就是在国家政治的框架下运作的，地方政治受到国家政治的引导、监督和制约。地方民主是从国家民主中派生出来的，具有派生性和从属性特征。国家民主在全国范围内实行，具有全局性和宏观性的特点；而地方民主只是在某个特定行政区域内实行，因此具有局部性和地域性的特点。在一个统一的国家里，行政区划是多层次的，因此地方民主还具有多层次性的特点。

保证国家统一和主权完整，是一个国家实现民主的重要条件。地方民主必须在主权统一的前提下展开，不能为分离主义和分离势力提供社会温床。地方更不能利用地方民主形式，独立于国家之外，更不能追求成为独立或半独立的政治实体。地方民主必须受到国家民主的监督；国家民主从根本上制约着地方民主的性质、特征和发展方向。

第二，地方民主比国家民主更兼顾社会各阶层利益。民主的核心是公民参与政治决策，从而达到维护自身利益的目的。国家民主的形式主要集中在总统、总理或首相、部长级官员、国会议员，以及最高法院的法官等。其核心机制就是对具有实权的总统、首相或总理以及国会席位的选票争夺。总统或国会的任期一般为四年或五年，这种选票争夺的"精彩大戏"也就每四年或五年上演一次。在这种政治人才选拔机制下，政治人才是在竞争性选举中选出来的，选举是政治人才的成长"摇篮"。其理论基础在于选举是选民行使民主权利的重要途径，选举是让统治者对人民负责的一项重要制度设计。选举是获得国家权力的唯一合法管道，有志于从政为社会服务者，只有参加竞选并在其中胜出才能实现自己的目的，除此之外，别无他途。政治人才在选举中要经受严格的考验，通过媒体展示的竞选活动将全国人民的注意力聚焦在选举上，而在激烈的竞选过程中，候选人的能力、才华、政治智慧、个人形象，以及他们家庭成员的品行和形象都要经受大众的质疑、批评和考验。竞选是决定全国选民投票的关键要素，也是整个政治人才选拔的核心环节。

国家层面的选举，其核心是对政治权力的争夺，是对执掌政权合法性的投票肯定。竞争性选举最终会归结为49%要服从51%，缺一票，就有可能全盘输给对方。在竞选过程中，竞选双方必然提出差异性的施政纲领，有时甚至提出对抗性的施政纲领，以吸引选民投票。这就在一定程度上加剧了社会分化和社会对立。"在经济发展不平衡，贫富差距大，民族国家意识淡薄及选举文化有欠成熟的情况下，参与选举的政治势力和社会群体倾向于将投票及相关活动视为扩大自身利益和削弱对方力量的机会，导致不同政治势力和社会群体之间对立和冲突超过可控范围。"[1] 如1986~2005年菲律宾发生了四次"人民力量革命"。十几万乃至几十万人屡屡上街游行示威，这皆与民主选举有关。泰国从2006年起持续陷入"反他信"与"挺他信"的政治争斗之中。[2]

在国家民主和国家层面的选举中，政党竞争激烈，选举耗资巨大，人力物力投入巨大。而地方政治和地方民主的性质，则决定了地方政治人才的发现、培养和使用历来属于中央的职权，地方本身在这方面没有太多的权力，地方政治人才的选用标准亦由中央制定。在当代政治体制下，主要是地方立法机关由当地居民选举产生，而任免地方行政首长的权力在多数情况下属于中央。因此，地方政治人才产生机制比国家层面的政治人才产生机制更具有

---

① 李文：《民主选举与社会分裂——东亚民主转型国家与地区的政治与政局》，《当代亚太》，2012年第2期。

② 李文：《民主选举与社会分裂——东亚民主转型国家与地区的政治与政局》，《当代亚太》，2012年第2期。

灵活性。地方行政首长通常是由中央任命的，或者在地方选举的基础上由中央任命，地方立法机关应当与中央任命的行政首长互相配合，共同完成管理本地公共行政和公共服务的工作。因此，地方政治人才的产生办法可以有更多的协商民主成分，兼顾各阶层利益，使各阶层和各界别在地方政治架构里都有自己的代表，而不必一味寻求建立国家意义上的竞争式民主制度。

　　地方民主与国家民主相比，是在较小的范围内进行的，当地居民一般更熟悉地方事务，与本地其他居民有更紧密的接触和联系，因此更能体会到自身和其他投票者的共同利益，这样社会各阶层利益的交换和维护就可以更容易进行。国家民主经过层层筛选过滤，往往倾向于在议会或人民代表大会多数制基础上形成较稳定的政府或联合政府，难以兼顾少部分人或群体的意见。地方民主和地方选举更倾向于兼顾不同阶层、不同群体的利益，强调代表的广泛性。[1]

　　第三，地方民主比国家民主在形式上更具灵活性和多样性。国家层面的民主，其核心标志就是竞选。美国的总统竞选在党内预选阶段就开始了。到了正式竞选期间，各候选人在政党的帮助下进行广告大战、发表竞选演说、会见选民、召开记者招待会以及进行公开辩论，使尽各种招数，通过多种形式阐述对国内外事务的政策主张，以赢得选民信任，争取选票。英国国会大选不仅决定本选区由哪个候选人当选，而且在全国范围内决定哪个政党成为议会多数党，从而决定哪个政党的领袖成为国家元首。其竞选可以分为选区竞选和全国性竞选。选区竞选就是指候选人在本选区通过广播、电视、报纸、杂志、寄信、海报、标语等方式和手段向选民介绍、推销自己，甚至乘车走遍选区的每一角落，挨家挨户拉票。全国性竞选就是政党的中央组织和政党领袖在全国范围内宣传本党的纲领政策、制定竞选战略、安排竞选活动日程、参加电视辩论，以及发表竞选演说等。[2]

　　这种竞争式选举，事实上带有很大的金钱选举的成分。如1980年美国总统竞选总开支仅为1.62亿美元，1988年达到3.24亿美元，2000年已达5.29亿美元，2004年高达8.81亿美元，2008年更是达到惊人的50亿美

---

[1]　叶青、吴天昊：《关于澳门政制稳步发展的若干思考》，"'一国两制'与'善治之路'学术研讨会"论文，澳门基本法推广协会，2012年3月30日。

[2]　刘建飞、刘启云、朱艳圣编著《英国议会》，华夏出版社，2002，第170~171页。

元。① 2010 年 1 月，美国联邦最高法院就公民联合组织诉联邦选举委员会一案做出终审裁决，称政治捐助是言论自由的一种表达方式。这一判决结果意味着对政治献金的限制被取消。企业和利益团体只要把资金用于各项支持候选人的活动，不把钱直接给候选人，就可以无上限地使用金钱支持选举。这就使"一人一票"的总统选举变成金钱比赛和"烧钱运动"。候选人在竞选过程中获得的募款显得非常重要和关键，而富人可通过控制总统选举控制统治权力，从而进一步助长了选举政治家族化和金钱化的趋势。

强调普选，通过民众"一人一票"的方式产生国家领导人，是西方当代政治体制的重要特点，也是其民主性的重要体现。这种民主性是与历史上各种保守的封建势力反复斗争的结果和产物，也是具有民意代表性质的政治人才选拔制度在当代世界的重要体现。然而，选举过程中有太多的感性因素，康德就曾批评选举是建立在"多数的随意性"上的，② 宗教信仰、性别、种族、形象，是否会作秀和演讲，是否有足够的金钱支持等因素都会影响选举结果。更重要的是，领导人疲于选举和各种民调结果，难以专心施政，而整个国家的政治人才被政党切割成几个部分，随政党共进退，因而不能保证在全国范围内合理选用人才。③

地方民主的实质就是推动当地居民参与公共治理和政治决策，因此可以不必过分强调民主的对抗性竞争，而应当在保证当地居民参与公共治理和政治决策的基础上，避免竞争可能带来的负面效果，探索民主的多样性。

二 澳门居民民主权利的行使和保障

（一）澳门居民享有广泛的民主权利

民主的本意就是"人民统治"、人民当家做主、人民成为政治权力的主体。澳门的回归，结束了葡萄牙长期的殖民统治，这就必然要求广大澳门同胞积极参与政治，行使当家做主的权利。民主权利不是只有选举权，而是以

---

① 朱继东：《"金钱选举"：美国式民主不是世界的标杆》，《党建》2012 年 11 月。
② 转引自王绍光《祛魅与超越：反思民主、自由、平等、公民社会》，三联书店（香港）有限公司，2010 年，第 131 页。
③ 宋鲁郑：《中国创造新的制度文明》，《红旗文稿》2013 年 11 月。

选举权为核心的一套政治参与权利体系。《澳门基本法》对澳门居民的民主权利做了如下明确规定。

1. 选举权和被选举权

《澳门基本法》第 26 条规定，澳门特别行政区永久性居民依法享有选举权和被选举权。这里的选举权和被选举权是指选举和被选举为澳门特别行政区行政长官和立法会议员的权利。与之相应，《澳门基本法》还规定澳门特别行政区行政长官在当地通过选举或协商产生，由中央人民政府任命；澳门特别行政区立法会多数议员由选举产生。[1] 至于选举年龄，凡年满 18 周岁者，即享有选举立法会议员的权利，被选举为立法会议员的年龄资格自1976 年以来都是 21 岁，2008 年修改立法会选举法时改为 18 岁。[2] 行政长官的选举资格为：在澳门特别行政区连续居住 20 年以上、年满 40 周岁的澳门特别行政区永久性居民中的中国公民，并要求在任职期间不得具有外国居留权。立法会主席的选举资格则为：在澳门特别行政区连续居住 15 年以上的永久性居民中的中国公民。[3]

2. 担任公务人员的权利

《公民权利和政治权利国际公约》第 25 条 c 项确认了平等担任公职的权利。《澳门基本法》第 3 条规定，澳门特别行政区的行政机关和立法机关由澳门特别行政区永久性居民组成；第 100 条规定，澳门特别行政区的公务人员必须是澳门特别行政区永久性居民，只有永久性居民才有出任公务人员的权利，而非永久性居民没有此种权利，只能被聘为专业技术人员和初级公务人员。

3. 参与国家事务管理的权利

《中华人民共和国宪法》第 57 条规定，全国人民代表大会是我国的最高国家权力机关，其常设机关是全国人民代表大会常务委员会；全国人民代表大会代表全国人民行使国家最高权力，向全国人民负责。回归后，澳门成

---

[1]　《澳门基本法》第 47 条和第 68 条。

[2]　其理由是与《中华人民共和国宪法》第 34 条 "年满 18 周岁的公民有选举权和被选举权" 的规定保持一致，见赵向阳《澳门选举制度》，社会科学文献出版社、澳门基金会，2013，第 119 页。第 12/2000 号法律《选民登记法》第 10 条及第 3/2001 号法律《澳门特别行政区立法会选举法》第 2 条。

[3]　《澳门基本法》第 46、49、72 条。

为我国一个享有高度自治权的直辖于中央人民政府的特别行政区，澳门居民中的中国公民自然有权参与国家事务的管理，有权选出特别行政区的全国人大代表参与国家事务的管理，而且至少有一名代表参与全国人大常委会的工作。《澳门基本法》第 21 条明确规定，"澳门特别行政区居民中的中国公民依法参与国家事务的管理"，并指出由全国人大确定澳门特别行政区的代表名额和代表产生办法。回归后，澳门的全国人大代表名额确定为 12 名。

4. 享有其他广泛的政治自由和权利

《澳门基本法》第 27 条规定："澳门居民享有言论、新闻、出版的自由，结社、集会、游行、示威的自由，组织和参加工会、罢工的权利和自由。"这就是说，澳门居民享有广泛的政治自由和权利。尤其是新闻自由，组织和参加工会、罢工的权利和自由，这在世界各国宪法关于公民的政治自由的规定中是不多见的。[①] 而且，《澳门基本法》第 41 条还规定："澳门居民享有澳门特别行政区法律保障的其他权利和自由。"澳门回归前，澳葡当局就制定了第 5/94/M 号法律《请愿权的行使》，赋予澳门居民向公共当局提出请愿、申诉、声明异议或投诉的权利。请愿也是澳门居民的一项政治权利。

《澳门基本法》对澳门居民政治权利的规定主要有以下几个特点。

第一，主体的广泛性。如选举权的行使，通常必须以国籍为必要条件，然而在澳门特别行政区，非中国籍永久性居民也可以享有和行使选举权，参加立法会选举及被选举为立法会议员，以及参加行政长官选举。

第二，保障的多重性。澳门居民的政治权利和自由，不仅受到《澳门基本法》和澳门特别行政区法律的保障，还受到国际人权公约的保障。《澳门基本法》第 40 条规定："《公民权利和政治权利国际公约》、《经济、社会与文化权利的国际公约》和国际劳工公约适用于澳门的有关规定继续有效，通过澳门特别行政区的法律予以实施。澳门居民享有的权利和自由，除依法规定外不得限制，此种限制不得与本条第一款规定抵触。"

（二）澳门居民选举权和被选举权的法律保障

澳门立法会是澳门特别行政区的立法机关，具有代议机关的性质。这就决定了立法会议员必须能够为澳门民众利益服务，能够反映澳门居民的真实

---

① 王叔文主编《澳门特别行政区基本法导论》，中国人民公安大学出版社，1994，第 173 页。

利益和意志。居民有权通过选举产生立法机关，这是现代民主的重要内容，也是"澳人治澳"的必然要求。《澳门基本法》保障了澳门居民的此项重要权利。《澳门基本法》第 3 条规定，澳门特别行政区立法机关由永久性居民依法组成；第 68 条规定，澳门立法会议员由澳门特别行政区永久性居民担任，并规定立法会多数议员由选举产生。

回归后，澳门立法会分别在 2000 年 12 月 7 日、2001 年 4 月 1 日通过了第 12/2000 号法律《澳门特别行政区选民登记法》、第 3/2001 号法律《澳门特别行政区立法会选举制度》和第 3/2004 号法律《澳门特别行政区行政长官选举法》，从而形成了完整的选举制度体系。回归前，1976 年的《澳门组织章程》规定由澳门政府"以法例订定立法会议员选举及指定的条件，选民的登记及选举资格，选举程序及应举行的选举日期"①，1990 年葡萄牙议会修改后的《澳门组织章程》规定，"议员通则、其本身的选举制度，特别是关于被选的要件、选民登记、选举资格、间接选举所代表的社会利益之界定、选举程序及选举日期等"为立法会的专属立法权限。② 澳门回归后，立法会选举法中涉及公民的政治权利，应当由立法会制定。第 13/2009 号法律《关于订定内部规范的法律制度》就明确指出"选民登记和选举制度属于法律保留范畴"。③《澳门基本法》附件二第 2 条规定："议员的具体选举办法，由澳门特别行政区政府提出并经立法会通过的选举法加以规定。"澳门立法会选举法的制定和修改，属于立法会的权限，行政长官不能以行政法规的形式制定和修改立法会选举法。然而，向立法会提出涉及立法会选举法议案的权利，属于澳门特别行政区政府，而非立法会议员。

2001 年 2 月 21 日，澳门立法会通过了第 3/2001 号法律《澳门特别行政区立法会选举制度》，2 月 27 日行政长官签署，其后又经第 11/2008 号法律、第 12/2012 号法律和第 9/2016 号法律修改。2017 年 1 月 26 日，行政长官发布第 21/2017 号批示，重新公布了《澳门特别行政区立法会选举制度》全文。《澳门特别行政区立法会选举制度》由序文法和附于其后的《澳门特别行政区立法会选举法》组成，序文法共 5 条。《澳门特别行政区立法会选

---

① 《澳门组织章程》（1976 年）第 21 条。
② 5 月 10 日第 13/90 号法律《澳门组织章程之修改》第 23 条。
③ 第 13/2009 号法律《关于订定内部规范的法律制度》第 6 条。

举法》分为 11 章，共 205 个条文，其法律结构主要包括：第一章 "法律标的"，第二章 "选举资格"，第三章 "立法会选举管理委员会"，第四章 "选举制度"，第五章 "选举程序的组织"，第六章 "竞选活动"，第七章 "选举"，第八章 "核算"，第九章 "关于投票和核算的司法争讼"，第十章 "选举的不法行为"，第十一章 "最后及过渡规定"。该法为澳门居民依法参与立法会议员选举及当选为立法会议员提供了重要的法律保障。

（三）《公民权利和政治权利国际公约》第 25 条 b 项的适用问题

澳门居民的权利和自由，不仅受到《澳门基本法》和本地法律的保障，而且还受到国际人权公约的保障。《澳门基本法》第 40 条规定："《公民权利和政治权利国际公约》、《经济、社会与文化权利的国际公约》和国际劳工公约适用于澳门的有关规定继续有效，通过澳门特别行政区的法律予以实施。澳门居民享有的权利和自由，除依法规定外不得限制，此种限制不得与本条第一款规定抵触。" 就《公民权利和政治权利国际公约》而言，这里指明了以下三点。

第一，《公民权利和政治权利国际公约》并不是作为一项整体生效的条约在澳门特别行政区适用，而是适用于澳门的有关规定继续有效。

第二，并不是《公民权利和政治权利国际公约》的所有规定继续有效，而是有关规定继续有效，其中被保留的规定不具有继续生效的法律效力。

第三，这些继续有效的规定，并不是直接适用于澳门特别行政区，而是通过澳门特别行政区的法律予以实施。[1]

《公民权利和政治权利国际公约》第 25 条 b 项规定："在真正的定期的选举中选举和被选举，这种选举应是普遍的和平等的并以无记名投票方式进行，以保证选举人的意志的自由表达。" 1992 年 12 月 29 日，葡萄牙共和国议会通过第 41/92 号决议，将《公民权利和政治权利国际公约》和《经济、社会与文化权利的国际公约》的实施范围延伸到澳门，其中第 3 条特别指

---

[1] 参见饶戈平《国际条约在澳门的适用问题研究》，澳门理工学院 "一国两制" 研究中心，2011，第 40～45 页；王禹《两个国际人权公约在澳门的适用问题》，载 《"一国两制与澳门居民权利保障" 学术研讨会论文集》，澳门理工学院 "一国两制" 研究中心，2014。

出："《公民权利和政治权利国际公约》第二十五条 b 项，在按照《葡萄牙共和国宪法》、《澳门组织章程》及《关于澳门问题的中葡联合声明》之规定所订定有关由选举产生之机关之组成，及其据位人之选用与选举方式等方面，不适用于澳门。"1999 年 12 月 2 日，中国在就澳门特别行政区继续适用《公民权利和政治权利国际公约》问题致联合国秘书长的通知书中亦特别指出："公约第二十五条 b 项，涉及根据《联合声明》和《基本法》确定的由选举产生机构的组成及其成员的选择与选举方式，不在澳门特别行政区适用。"保留是国际法上的一项制度，其目的在于排除该条文在国内的法律效力，澳门回归前，葡萄牙共和国议会对《公民权利和政治权利国际公约》第 25 条 b 项在澳门的适用做出了明确的排除。1999 年，中国政府对联合国的照会维持了这种明确排除的效力。

这就非常清楚地说明，《公民权利和政治权利国际公约》第 25 条 b 项不具有在澳门特别行政区适用的法律效力，不能构成澳门特别行政区政制发展的法律依据，更不能作为澳门特别行政区立法会产生办法是否修改及如何修改的法律依据。

三 居民的民主权利与澳门立法会产生办法

（一）体现《中葡联合声明》精神的民主

1984 年 4 月 13 日中国政府和葡萄牙政府签署的《中葡联合声明》，以和平谈判的方式妥善解决了历史上遗留下来的澳门问题。《中葡联合声明》正文共分七条，包括两个附件以及中葡双方关于国籍问题各自的备忘录。其内容主要包括：①中国政府和葡萄牙政府共同声明澳门是中国的领土，中国政府将在 1999 年 12 月 20 日对澳门恢复行使主权；②中国政府声明在澳门实行"一国两制"，对澳门执行 12 项基本方针政策，并明确规定"上述基本政策和本联合声明附件一所作的具体说明，将由中华人民共和国全国人民代表大会以中华人民共和国澳门特别行政区基本法规定之，并在五十年内不变"；③规定自《中葡联合声明》生效之日起至 1999 年 12 月 19 日止的过渡期内，由葡萄牙政府负责澳门的行政管理，中国政府给予合作。双方设立联合联络小组和土地小组；④规定《中葡联合声明》及其附件自互换批准书之日起生效，《中葡联合声明》及其附件具有同等效力，并分别用中文和葡文写成。1988 年 1 月 15 日，中葡两国政府互换批准书，声明正式生效，并提交联合国秘书处登记，从而具有国际法效力。《中葡联合声明》第 6 条规定："中华人民共和国政府和葡萄牙共和国政府同意，上述各项声明和作为本联合声明组成部分的附件均将付诸实施。"中国政府有义务将其在联合声明里所做的承诺，通过国内立法程序予以立法保障。《中葡联合声明》本身就提出了制定《澳门基本法》的要求。

《澳门基本法》的立法依据是宪法，而中国政府在《中葡联合声明》里所宣布的 12 项基本方针政策以及附件一《中华人民共和国政府对澳门的基本政策的具体说明》，是制定《澳门基本法》的政策依据。《澳门基本法》将《中葡联合声明》里中国对澳门的基本方针政策以及附件一的具体说明直接写入，将这些内容具体化和法律化，甚至有些概念、术语和表达方式就直接采自《中葡联合声明》。关于立法机关部分，《中葡联合声明》附件一第三小节规定："澳门特别行政区的立法权属澳门特别行政区立法机关。澳门特别行政区立法机关由当地人组成，多数成员通过选举产生。"这就指明了回归以后，澳门特别行政区立法会产生办法必须保留委任议员这一制度。[①]

《中葡联合声明》保留了委任议员制度，其目的在于维持原有的制度传统。其原因在于，第一，中国政府和葡萄牙政府对澳门的共识政治。葡萄牙在 1974 年"鲜花革命"后宣布放弃所有海外殖民地，1976 年宪法确认澳门为葡萄牙管治下的特殊地区，不再将澳门列入葡萄牙的领土范围。1979 年中葡建交时，双方就已经就澳门问题达成了谅解和合作意愿。葡萄牙希望能在 1999 年"光荣"撤离，而中国希望平稳过渡，双方的共识是维持澳门社

---

① 有一种说法认为，当年中葡谈判的过程中，中方本来是有意比照《中英联合声明》中"香港特别行政区立法机关由选举产生"的表述，写上"澳门特别行政区立法机关由选举产生"的表述，但遭到葡方的反对，其反对主要是鉴于不久前高斯达向澳门华人居民开放选举权与被选举权后，葡裔居民对立法会直接选举的"垄断权"被打破，葡裔居民宋玉生、欧安利必须依附由华人传统爱国社团所组成的"联合提名委员会"，才有可能当选，因而担心在将澳门交还给中国后，澳门传统爱国社团不再做同样安排，葡裔居民就将难以进入立法会，因而坚持要将这一句改为"多数成员通过选举产生"，以保留委任议席。永逸：《请高议员向其祖国追究没有普选的责任》，《新华澳报》2012 年 2 月 15 日。

会的安定繁荣。[①] 在这一共识下，对于澳门原有政治体制里的一些行之有效的机制，不可能加以剧烈改变。第二，保留委任制度，有利于保持各种政治势力在立法会里的结构平衡。如自 1976 年以来，在第一届及第二届立法会中，土生葡人垄断直选议席，华人只占有部分间选议席，总督便将部分委任议席分配给华人作为平衡，其后土生葡人在立法会直接选举中失去优势，来自传统社团的华裔议员又垄断了间选议席，总督又将全部委任议席分配给葡人及土生葡人作为平衡。[②] 第三，澳门自明朝中叶被葡萄牙逐步占领以来，形成了华洋共处分治的政治格局，一方为葡萄牙商人，另一方为明清中央政府，自 1849 年葡萄牙正式建立殖民统治以来，澳门则形成了以亲北京的社团为主要力量的华人势力与葡萄牙管治者共处分治的格局，随着澳门回归、中国对澳门的主权和治权合一，这种"二元政治"从根本上被打破。[③] 因此，对于葡萄牙政府而言，保留委任制度，有利于在澳门回归后维护土生葡人的政治利益。

《中葡联合声明》规定，立法机关多数成员由选举产生并保留委任部分议员制度，这体现了兼顾各阶层利益的精神。《中葡联合声明》第 2 条明确规定，"在澳门的葡萄牙后裔居民的利益将依法得到保护"。为做到平稳过渡，不仅要兼顾土生葡人的利益，而且要兼顾澳门社会中不同群体和不同界别的利益和诉求。立法会由直选议员、间选议员和委任议员组成，维护了《中葡联合声明》里有关立法会组成的规定，体现了《中葡联合声明》所确认的民主精神，有利于兼顾澳门社会各阶层的利益，有利于澳门的经济发展和社会稳定。

有一种意见认为，应当参考香港基本法的做法，将最终达至将普选立法会全体议员作为立法会产生办法将来修改的预定目标，这种意见是不对的。《澳门基本法》没有规定立法会全体议员最终达至普选的法定目标。《中葡联合声明》附件一规定："立法机关多数成员通过选举产生。"在此基础上，

---

① 伍成昌：《澳门的政党政治和民主发展的局限》，余振、林媛主编《澳门人文社会科学研究文选·政治卷》，社会科学文献出版社，2010，第 121 页。

② 伍成昌：《澳门的政党政治和民主发展的局限》，余振、林媛主编《澳门人文社会科学研究文选·政治卷》，社会科学文献出版社，2010，第 122 页

③ 冷夏：《"二元政治"的客观存在与重新整合——兼议澳门特别行政区管治模式的构筑》，余振、林媛主编《澳门人文社会科学研究文选·政治卷》，社会科学文献出版社，2010，第 207 ~ 211 页。

《澳门基本法》第 68 条规定立法会多数议员由选举产生，第 50 条规定行政长官有权委任部分议员。中国政府在《中葡联合声明》中承诺澳门特别行政区成立后不实行社会主义制度和政策，保持原有的社会、经济制度和生活方式，五十年不变。澳门立法会由三种结构组成，这既符合澳门的实际情况，也符合澳门的历史传统，既符合《中葡联合声明》规定的"五十年不变"承诺的精神实质，也符合澳门地方民主的政治性质和现实运作，应当予以长期坚持。

（二）竞争民主和协商民主的统一

澳门立法会由直选议员、间选议员和委任议员三种结构组成，体现了竞争民主和协商民主的统一。

选举民主是当代民主的重要表现形式。选举民主的实质是人民当家做主。民主的最初内涵是指人民统治，而人民统治则可以分为直接统治和间接统治。直接统治即直接民主，由人民全体讨论和决定政治事务，这种直接民主在现实中是无法操作的。人民只能是间接统治，即间接民主，人民通过选举代表参与政治事务的讨论和决策。1997 年各国议会联盟大会通过的《世界民主宣言》第 12 条指出："行使民主的关键因素是定期举行自由公平的选举，让人民的意志得以表达。这种选举必须在平等和无记名的普选制的基础上举行，以便让所有选民能够在平等、公开、透明、有助于政治竞争的条件下选择自己的代表。"在当代民主政治理论里，政府权力来自人民对统治的同意，因此，借由自由而公平的竞争性选举方式来表达人民对政府权力的同意是民主政体的基础机制。

协商民主（deliberative democracy）是对竞争民主的补充。这是因为，对于选举民主来说，无论是采用直接选举还是采用间接选举，都属于间接民主的范畴，本身就存在扭曲民意的可能性：①议员本身存在自己的独立利益，存在权力腐化问题；②选民投票不能保证完全是理性的，选民的投票在有些时候受到感性因素的影响和操纵；③选举民主要求竞选和激烈竞争，因而事实上需要以金钱作为基础，造成金钱选举与金钱民主，变成虚假的民主竞争游戏。

竞争民主的困境还在于简单地以少数服从多数作为运作机制，容易撕裂社会，造成族群对立。因此，20 世纪 80 年代以来，考虑到竞争民主的不足和缺陷，西方兴起了对协商民主的探讨。所谓协商民主，是在一定政治共同体中通过对话、讨论、商谈、沟通等形式参与政治的一种民主形态。[1] 协商民主的理论在于民主不仅是指少数服从多数，而且意味着保护少数。民主应当兼顾多数人和少数人的利益。民主是指人民当家做主，人民有权决定共同体的公共事务，当人民意见不一致的时候，投票是必要的。但是，投票并不意味着以多数压制少数、压服少数，不能成为简单的"多数人暴政"。投票应在相互协商、相互妥协、尽可能达成兼顾多数人和少数人利益的方案的基础上进行，否则少数就没有理由服从多数，共同体的基础就会发生动摇。[2]

竞争民主和协商民主的区别主要有：①竞争民主是代议民主的必然选择，是全体公民最基本的政治权利，而协商民主则建立在尊重少数和兼顾各阶层利益的基础上；②选举民主是决断式民主，协商民主是妥协式民主[3]。澳门立法会由直选议员、间选议员和委任议员三部分组成，体现了竞争民主和协商民主的结合和统一，既有利于发挥竞争性选举民主的积极性，也有利于更有效地在澳门特别行政区发现、选拔、培养和使用当地优秀的政治人才，兼顾各阶层利益，促进澳门和谐社会的建设。

澳门立法会议员由直接选举产生体现了竞争民主的原则，立法会议员由间接选举产生主要体现了协商民主的精神，行政长官委任部分立法会议员，亦体现了协商民主的精神。委任议员的工作应当在选举结果公布后进行，并能针对选举结果的不同，确保各阶层和各界别在立法会中的均衡参与。

（三）民主的发展性和民主的稳定性的统一

澳门立法会由直选议员、间选议员和委任议员三部分组成，体现了民主稳定性和民主发展性的统一。

民主的发展性，是指民主本身就是一个渐进的发展历史。民主的发展性体现为居民对民主政治的参与越来越广泛，民主政治运作的机制越来越规范，居民的意志表达得越来越充分。《澳门基本法》附件二第 3 条规定，立

---

[1]　罗豪才等：《软法与协商民主》，北京大学出版社，2007，第 233 页。
[2]　姜明安：《民主形式与公共治理》，《湖南社会科学》2008 年第 1 期。
[3]　李林：《协商民主与选举民主相得益彰》，《北京日报》2015 年 10 月 19 日。

法会产生办法如需修改，须经立法会 2/3 多数通过和行政长官同意，并报全国人大常委会备案。这就为民主渐进发展提供了法律程序。这个法律程序在 2011 年 12 月 29 日全国人大常委会的解释里更加明确，即所谓的"政改五步曲"。其启动程序为：先由行政长官向全国人大常委会提出报告，再由全国人大常委会确定是否对附件二进行修改。全国人大常委会若对修改附件二的规定做出决定，澳门特别行政区政府则在这个决定的基础上向社会征询意见并做成草案，提交立法会审议，立法会 2/3 多数通过后，经行政长官同意，报全国人大常委会备案。

民主的稳定性所强调的是，民主政治体制在一定时期应当稳定。民主的发展性本身要求民主具有稳定性。这是因为，只有民主相对稳定，才能推动民主机制的下一步规范运作，才能推动扩大居民下一步的政治参与。如果政治体制朝令夕改，民主的渐进发展就无从谈起。澳门立法会的这种民主稳定性，首先体现在立法会的三种组成结构应当稳定不变。自 1976 年产生以来，澳门立法会直选议员、间选议员和委任议员三种结构就没有变过。这三种组成结构不仅在澳门回归前具有深厚的历史渊源和制度传统，而且符合澳门社会的实际情况。

1999 年澳门特别行政区第一届立法会由澳葡政府最后一届立法会坐直通车过渡而来，有直选议员 8 人、间选议员 8 人、委任议员 7 人，共 23 人，2001 年第二届立法会有直选议员 10 人、间选议员 10 人、委任议员 7 人，共 27 人；2005 年第三届立法会及 2009 年第四届立法会各有直选议员 12 人、间选议员 10 人、委任议员 7 人，共 29 人。2012 年，澳门社会对政制发展问题进行了讨论和咨询，全国人大常委会予以备案的附件二修正案规定，2013 年第五届立法会有直选议员 14 人、间选议员 12 人、委任议员 7 人，共 33 人。第六届立法会及以后各届立法会的产生办法，若未依照法定程序做出进一步修改，则继续适用第五届立法会产生办法。回归后澳门立法会产生办法的变动，体现了民主稳定性和民主渐进性的统一。

澳门立法会产生办法的民主稳定性和渐进性的统一还体现在以下三个方面。①每次修改立法会产生办法时，组成结构都有变动：1990 年委任议员、直选议员和间选议员各增加 2 名，2001 年直选议员和间选议员各增加 2 名，2005 年直选议员增加 2 名，2013 年直选议员和间选议员又各增加 2 名；②议员名额只增不减，自 1976 年以来，从来没有出现减少间选议员或委任议员名额的情况，并让给直选议员的做法；③直选议员增加的名额和比例最大，并在逐步增长。

全国人大常委会在 2012 年 2 月 29 日做出决定，指出要保持立法会由直选议员、间选议员和委任议员三部分组成的规定长期不变。在这里，长期不变有两层意思：一是"结构不变"，即立法会必须由直选议员、间选议员和委任议员三部分结构组成；二是"功能不变"，即这三部分议员各自发挥的原有功能不能变。这就要求三部分议员的比例尤其是直选议员与间选议员的比例不能急剧变化，而且三部分议员能够各自发挥自己的特点和长处，互相补充。这就蕴含着民主稳定性和民主渐进性的统一。

第五章 澳门立法会直接选举制度及其实践

澳门特别行政区立法会产生办法中的直接选举制度，是由澳门特别行政区的自然人选民以一人一票的方式直接选出部分立法会议员的制度。它保持了回归前澳葡时期相关制度的总体框架，突出了选举的竞争性和参与的广泛性，是立法会产生办法中产生议员最多的部分。

一 直接选举制度

（一） 选民登记

《澳门基本法》第 26 条规定："澳门特别行政区永久性居民依法享有选举权和被选举权。"这是《澳门基本法》关于居民选举资格的宪制性规定。据此，《澳门特别行政区选民登记法》规定："凡年满十八周岁且为澳门特别行政区永久性居民的自然人，均得作选民登记。"① 这项规定包含了三层含义：一是只有永久性居民才有资格做选民登记。所谓永久性居民，即《澳门基本法》第 24 条第 2 款规定的可以界定为永久性居民的六种人士。根据该规定以及全国人民代表大会澳门特别行政区筹备委员会于 1999 年 1 月 16 日通过的《关于实施〈中华人民共和国澳门特别行政区基本法〉第 24 条第 2

---

① 《澳门特别行政区选民登记法》第 10 条。

款的意见》，澳门特别行政区立法会制定了第 8/1999 号法律《澳门特别行政区永久性居民及居留权法律》，对永久性居民的资格条件做出了更为详细的规定。二是永久性居民的国籍。根据《澳门基本法》和澳门特别行政区有关法律的规定，澳门永久性居民包括中国籍居民、葡籍居民以及其他国籍居民。在澳门，除了参选或出任如行政长官、立法会主席等政治职务必须是澳门永久性居民中的中国公民外，作为选民登记不需要必须具备中国国籍。三是关于选民登记的年龄。按照一般法（尤其是民法）的规定，通常情况下，自然人年满 18 周岁就具备完全行为能力，[①] 自然可以独立处理选民登记事宜。然而，考虑到选民登记必须履行一定的程序，尤其是选民登记册的编制需要一定的时间，因此《澳门特别行政区选民登记法》第 17 条规定，凡年满 17 周岁且不属于法律规定的无资格者的永久性居民均可办理提前选民登记，并在年满 18 周岁之日自动成为确定选民登记。[②] 这从年龄层面最大限度地保障永久性居民作为选民行使选举权和被选举权。

在葡萄牙殖民统治时期，华裔居民的选举资格受到限制。1974 年葡萄牙"四二五革命"后，葡萄牙当局于 1976 颁布的《澳门组织章程》规定："澳门地区的本身管理机关为总督及立法会，会同总督运作的尚有咨询会。"立法会由 17 名议员组成，其中 5 名由总督委任，6 名由直接选举和普遍选举产生，6 名由间接选举产生；[③] 1990 年修改为委任议员 7 名，直选议员和间选议员各 8 名，共计 23 名。该章程还规定："在本章程实施之日起 90 日内，将为立法会及咨询会进行选举。"[④] 为此，时任总督李安道颁布了第 4/76/M 号法令《订定有关办理选民登记及澳门立法会暨咨询会成员之选举应遵规则》，其中规定了选民的资格条件。按照第 4/76/M 号法令第 2 条的规定，选民的年龄资格是 18 岁，而在同是年满 18 岁且常住地址在选区之内的条件下，葡籍市民没有居住年限的要求，华籍市民则须在"登记之日已居住五年"，其他国籍市民为七年。这一规定对于华籍市民来说，显然是不平等乃至歧视性的，带有强烈的殖民统治色彩。

第 4/76/M 号法令将选民登记和立法会、咨询会选举合并在一个法律文件

---

① 参见《澳门特别行政区民法典》第 118 条。

② 《澳门特别行政区选民登记法》第 17 条。

③ 《澳门组织章程》第 21 条第 1 款。

④ 《澳门组织章程》第 76 条第 1 款。

里，并不适当。1984 年，澳葡当局制定了澳门历史上第一部相对独立的选民登记法第 9/84/M 号法令。第 9/84/M 号法令取消了有关华籍市民须在登记之日已居住五年、其他国籍市民须在登记之日已居住七年的居住年限限制。

1988 年，澳门立法会有关部门检讨选民登记法律的缺失，制定了第 10/88/M 号法律，这是第一部由澳门立法会制定的选民登记法。该法规定设立"选民证"制度，选民登记后领取选民证；选民必须按选民证的编号到指定的投票站投票，而且在投票前必须出示选民证，以此来确认选民身份和投票地点，确保投票程序的效力。该法同时还规定了"公民团体的合作"机制，规定选民登记委员会或登记站在执行其关于选民登记的宣传，以及对所进行有关工作的支持的职务时，可获得公民团体的协助。该法还规定了对"选民登记不当情况"的处理办法，包括对严重违规行为的刑罚规则。

2000 年 11 月 21 日，澳门特别行政区第一届立法会通过了第 12/2000 号法律《澳门特别行政区选民登记法》。《澳门特别行政区选民登记法》根据《澳门基本法》的有关规定及精神，规定了自然人的选举资格及被选举资格，并规定选民登记可以全年进行，避免了选民登记局限于一段短时期内所带来的不便；同时，规定撤销以前的选民登记委员会，选民登记全部集中由特别行政区政府行政公职局负责。

2008 年，澳门特别行政区立法会对《澳门特别行政区选民登记法》又进行了一次修改，这次修改主要是总结回归后几次选举实践，有针对性地改进和完善选民登记工作。涉及自然人选民方面的主要有以下内容：①进一步明确了特别行政区政府行政公职局在选民登记方面的管理职责；②删除了"社团的协助"的规定，这是考虑到实践中出现了某些社团以不当方式代替选民办理选民登记并将其选民证留置，从而在选举中影响选民投票意向的情况；③增加对提前登记的规定，即符合条件的年满 17 周岁的永久性居民可办理提前选民登记申请；④取消选民证，选民登记完成后可凭居民身份证参加选举活动；⑤对"选民登记的不法行为"的处罚进行修改，包括对某些未遂犯罪比照已遂犯罪进行处罚，追诉时效由 1 年延长为 2 年，加重对"与选民登记有关的贿赂"、"以不法阻碍或促成登记"以及诬告的处罚。

随着法律上对选民资格的逐步放宽和选民登记程序的逐步完善，特别是回归后澳门居民的选举权得到基本法的充分保障，选民登记亦由只有少数居民参与变为符合条件的居民普遍参与。1976 年，在第 4/76/M 号法令《选民登记及立法会选举制度》生效之后的首次选民登记中，仅有 2846 人登记为选民；1980 年增加至 4195 人。第 8/84/M 号法令《选民登记制度》放宽了选民登记资格，选民人数得以迅速增加，这一年登记选民渐增至 51454 人；1988 年第四届立法会选举时，登记选民人数更达 67604 人。然而，1991 年 7 月澳门立法会制定了第 10/91/M 号法律修改《选民登记法》，其中第 3 条规定，凡在本法生效前做选民登记者，皆须于 1992 年 2 月 29 日前向选民登记委员会递交声明书，以证明其身份及居住年限，否则原有登记失效。因此，到 1992 年第五届立法会选举时，选民人数减少至 48137 人。[①] 此后选民登记人数逐步回升：1993 年为 58145 人，1994 年为 64370 人，1995 年为 98965 人，1996 年为 116455 人，1997 年为 123072 人，1998 年为 126149 人，1999 年为 128613 人。[②] 回归后，随着澳门居民人口的增长，选民登记人数亦随之增加，2001 年为 159813 人，2005 年为 220653 人，2009 年为 249886 人，2013 年为 277153 人。

（二）选举方式

《澳门特别行政区立法会选举法》第 15 条规定：“议员是在澳门特别行政区独一选区内，按比例代表制，以多候选人名单方式选出，每一选民只能对名单投出独一票。”第 16 条规定：“参加直接选举的候选名单，其所载的候选人不得少于四名，但亦不得多于分配予该选举的议席数目。每一份多候选人名单上的候选人，按有关竞选声明书所载的次序排列。”第 17 条还对计票方式做出规定。这些规定概括起来就是单一选区、比例代表制、改良汉狄计算法计票。

1. 单一选区

从西方国家的选举实践看，在选区设定上，有单一选区、大选区和小选区之分。所谓单一选区，是指整个国家或地区为一个选区，如以色列等国家便采用单一选区的制度来选出整个国会；所谓大选区，是指按一个选区产生 2 名以上代表所设的选区。有的国家则将产生 10 名以上代表的选区划为大

---

① 吴志良：《生存之道——论澳门政治制度与政治发展》，澳门成人教育学会，1998，第 323 页。
② 《选举活动综合报告（2001～2009）》，澳门特别行政区政府行政暨公职局，2010，第 300 页。

选区，而将产生 2 名以上、10 名以下代表的选区划为中选区。所谓小选区，是指按一个选区只产生 1 名代表所设的选区。选区是指选举中对选民进行的区域性划分。在西方选举中，划分选区往往是各党派或利益集团争夺利益的一个重要杠杆。

澳葡政府统治时期，澳门作为葡萄牙管理下的一个地方行政区域，地域较小、人口不多，从开始实行选举制时起就被划为单一选区。回归后，尽管人口有所增长，选民增多，但在立法会选举中，其作为单一选区的设置没有改变。

2. 比例代表制

目前世界上的选举有多数制、比例代表制和混合制等多种形式。多数制即多数票决制，指在选举中获得最多选票的候选人或候选名单当选的制度。多数制又分为相对多数制和绝对多数制，所谓相对多数制，是指获胜者多一票即可当选；所谓绝对多数制，是指候选人获得所有选民或已投票选民的过半数方可当选。比例代表制是以团组为单位参选，按选票多少在选团间分配议席的一种选举形式。混合制则是部分议席采用单一席位相对多数制，另一部分议席采用比例代表制的选举制度。

从国家的层面看，在有多个政党和参选组别参选的情况下，比例代表制较能体现选民的意愿，即使是一些小党、小的参选组别，只要获得一定数量的选票，亦可获得席位，从而避免出现一两个大政党、大的参选组别全部包揽席位的局面。这一选举方式最早出现于 1855 年的丹麦选举中，后来欧洲多数国家在国会和立法机关的选举中都采用了这种制度，但各个国家在具体办法上有所差异。《澳门特别行政区立法会选举法》规定，参加直接选举的候选名单，其所载的候选人不得少于 4 人，但亦不得多于分配予该选举的议席数目；每一份多候选人名单上的候选人，按有关竞选声明书所载的次序排列。[①] 也就是说，目前澳门立法会中由直接选举产生的议员为 14 人，每一参选组别所提出的候选人不能是 1 人或 2 人，最少应为 4 人，而最多亦不得超过 14 人，每一参选组别的参选人应按有关竞选声明书所载的次序排列，依此来确定每一位参选人在这一组别中的得票数，并依据这一得票数来确定当选人。

---

① 《澳门特别行政区立法会选举法》第 16 条。

3. 改良汉狄计算法计票

改良汉狄计算法源于汉狄计算法。汉狄法又称顿特法（D'Hondt Method），它的规则是把每一参选党派/组别取得票数除以 1、2、3、4，直至议席数目，然后将得出的数字分配予该党派/组别名单上排第一位的候选人、排第二位的候选人。依此类推，然后比较各党派/组别候选人所获得的数字，高者为胜。澳门的选举从一开始就采用了这一方法。按照这一方法，如果一个参选组别获得 12000 票，那么这个组别的第一参选人获得 12000 票，第二参选人获得 6000 票，第三参选人获得 4000 票，第四参选人获得 3000 票；如另一组别获得 9000 票，那么这个组别的第一参选人获得 9000 票，第二参选人获得 4500 票，第三参选人获得 3000 票，第四参选人获得 2250 票，依此类推。如果选举的席位为 10 个，当各参选组别的票都计算到具体参选人时，从前依次排列第 10 位是 6000 票，那么前一个组别就获得 2 席，后一组则只获得 1 席。

自 1976 年开始澳门的选举即采用汉狄计算法计票，但在 1988 年澳门第四届立法会选举中，出现了"昙花一现"的特殊景观：由华人和专业人士组成的被称为"民生派"的参选组别"澳门友谊繁荣协进会"首次参选即取得全部 6 个直选议席中的 3 席，得票率高达 44.62%。而由传统社团与土生葡人组成的"联合提名委员会"虽也取得 3 席，但得票率仅为 34.08%。[①] 在此之后，1991 年立法会修改的《立法会选举法》将原先的"每一参选组别得票数除以 1、2、3、4……以排列其每一候选人得票数"改为"每一参选组别得票数除以 1、2、4、8……"这一改良后的计票方法被称为"改良汉狄计算法"，以此来防止某一个选团取得过多的席位。使用这一计算法计票，一个组别获得第 3 席和以后各席的难度就大大增加了。比如，前面讲到的获得 12000 票的一组，按照改良汉狄计算法计票，第一参选人获得 12000 票，第二参选人获得 6000 票，第三参选人获得 3000 票，第四参选人获得 1500 票，第三参选人与第一参选人、第二参选人的得票数就相差较多。这样的改动，体现了比例代表制照顾小的参选团体的内在精神。回归后，立法会通过的《澳门特别行政区立法会选举法》保留了这一制度。[②]

[①] 赵向阳：《澳门选举制度》，社会科学文献出版社、澳门基金会，2013，第 59 页。
[②] 参见《澳门特别行政区立法会选举法》第 17 条。

（三）选举的组织管理

按照新的《澳门特别行政区立法会选举法》的规定，立法会选举组织工作在行政长官以行政命令订定立法会选举日期的基础上，由"立法会选举管理委员会"负责。立法会选举管理委员会由一名主席及至少五名委员组成，[①]所有成员须在选举年的前一年由行政长官从有适当资格的永久性居民中批示委任，并在行政长官面前就职。

立法会选举管理委员会的权限主要有：①解释关于选举活动的事宜；②确保竞选活动真正公平进行；③登记无意刊登有关竞选活动资料的资讯性刊物的负责人所做的声明书；④就分配电台和电视台的广播时间予各候选名单的事宜，向行政长官提出建议；⑤审核各候选名单的选举收支是否符合规范；⑥审核可能构成选举不法行为的行为是否符合规范；⑦在选举程序范围内，要求有权限的实体采取必要的措施，以确保保安的条件及其行为的合法性；⑧将所获知的任何选举不法行为报知有权限的实体；⑨编制选举结果的官方图表；⑩就执行选举法的相关规定发出具有约束力的指引；[②]⑪向行政长官提交有关选举活动的总结报告，并对有关活动提出改善建议；⑫审核提名委员会提名程序及提交候选名单程序的合规范性、候选人的被选资格，并就接受或拒绝每一候选名单做出决定；⑬决定候选人丧失资格；⑭做出立法会选举法规定的其他行为。

立法会选举管理委员会以全会形式运作，由出席的大多数委员做出决议，而主席的投票具有决定性作用。所有会议均须缮立会议记录。立法会选举管理委员会于选举日应与特别行政区政府行政公职局合作，在每一投票地点派驻代表。立法会选举管理委员会在行使其权限时，对公共机构及其人员具有为有效执行职务所必需的权力；该等机构及其人员应向委员会提供其需要和要求的一切辅助和合作。[③] 以最近两届立法会选举为例，2009 年第四届立

---

① 2016 年 8 月 9 日澳门特别行政区立法会一般性审议通过的《修改第 3/2001 号法律〈澳门特别行政区立法会选举制度〉的法案》提出，立法会选举管理委员会成员须在选举年的前一年，以行政长官批示委任；立法会选举管理委员会由 1 名主席和至少 5 名委员组成。见《修改第3/2001 号法律〈澳门特别行政区立法会选举制度〉的法案》第 3 页和澳门特别行政区立法会网站。

② 主要涉及《澳门特别行政区立法会选举法》第 57~58 条、第 74~75 条、第 78~81 条、第 90 条、第 92~93 条以及第 115 条所指事宜。

③ 以上见《澳门特别行政区立法会选举法》第 26 条、第 9~13 条。

法会选举和 2013 年第五届立法会选举期间，选举管理委员会制定颁布了 12 项指引，分别对以下事项做出规范，如计算选举经费的起始日期，对选举收入和选举支出的审议、账目的提交，竞选总部的设置和竞选分部的数目，竞选政治纲领的格式及向管委会的提交，选民投票的方式，投票站内禁止使用任何通信设备、录像以及拍照器材，新闻媒体公平报道，以及禁止候选人使用商业宣传工具等，以有效地维护选举秩序。

关于投票和核算的司法争讼由终审法院管辖，终审法院以全会形式，在上诉期限届满后两日内对上诉做出确定性裁判。对于选举的不法行为，由检察院提起诉讼，由初级法院予以受理。

二　直接选举制度的价值取向

《澳门基本法》和澳门本地法律对立法会直接选举制度的设计，集中体现了广泛参与、公平竞争的原则。

（一）参与的广泛性

澳门立法会直接选举强调要"透过普遍、直接、不记名和定期的选举"[①] 来选出法律规定的立法会直选议席。

它突出体现了"一人一票"原则，即每一位选民都有平等的投票权利，每一张选票都代表同样的分量。为了保证这种政治参与的广泛性，《澳门基本法》和澳门本地相关法律做出规定，凡年满 18 周岁的澳门特别行政区永久性居民均可做选民登记，不能做选民登记的仅为经确定判决宣告为禁治产人、被认为是明显精神错乱且被收容在精神病治疗场所或经由 3 名医生组成的健康检查委员会宣告为精神错乱的人，以及经确定判决宣告被剥夺政治权利的人。值得指出的是，选民登记并不要求必然具备中国国籍，符合条件的非中国籍永久性居民也可以登记为选民。这充分体现了《澳门基本法》关于"澳门居民在法律面前一律平等，不因国籍、血统、种族、性别、语言、宗教、政治或思想信仰、文化程度、经济状况或社会条件而受到歧视"的规定的精神。[②]

---

① 《澳门特别行政区立法会选举法》第 14 条。
② 《澳门基本法》第 25 条。

在被选举人的资格规定上，也注重参与的广泛性。《澳门特别行政区立法会选举法》第 5 条规定："凡具有投票资格且年满十八周岁的澳门特别行政区永久性居民，均具有被选资格。"长期以来，《澳门特别行政区立法会选举法》一直是规定年满 21 周岁方具有被选举资格。在 2008 年修改《澳门特别行政区立法会选举法》时，负责审议法案的立法会第一常设委员会提议将 21 岁降为 18 岁，其理由是《中华人民共和国宪法》第 34 条的规定，即年满 18 周岁的公民有选举权与被选举权①。这一提议获得大会通过。立法会选举中无被选举资格的，只有以下几种人：①行政长官；②主要官员；③在职的法院司法官及检察院司法官；④任何宗教或信仰的司祭；⑤选举法律规定的无投票资格者。做出上述限制，主要是考虑到行政、立法、司法机关应各司其职，分别行使行政管理权、立法权、独立的司法权和终审权；而"任何宗教或信仰的司祭"不具有立法会选举的被选举资格，则主要是基于在澳门长期实行的"政教分离原则"。

参与的广泛性还体现在对提出候选名单，法律规定上较为宽松。根据澳门的实际情况，参与立法会选举的候选人可由政治社团提出，亦可由 300～500 名有投票资格的选民组成的提名委员会提出。对提名委员会和候选人亦只做出以下技术性要求："任何人不得在一份以上的名单上作为候选人"；"任何政治社团或提名委员会不得提出一份以上的候选人名单"；提名委员会"应制定政纲，而政纲应载明候选名单拟贯彻的方针的主要资料"等。

这些规定都有效地保障了澳门居民广泛参与选举活动。回归以后，澳门特别行政区自然人选民在立法会选举的投票率一直保持在 60% 左右，立法会直选的参选组别也呈逐步上升的趋势，尤其是参选组别的差异性较大，一些大的组别其一个组别即可获得总选票的 20% 以上，而有的小组别仅获得选票的百分之零点几。这也从一个侧面反映了澳门立法会直接选举参与的广泛性。当然社会上也有议论，认为得票很少的组别距获得议席的票数差距太大，从节省社会公共资源的角度讲，应当仿效其他国家和地区的做法，确定参选的最低得票标准，并通过提交保证金等方式约束获选票能力过低的团组参选。

---

① 《中华人民共和国宪法》第 34 条规定："中华人民共和国年满十八周岁的公民，不分民族、种族、性别、职业、家庭出身、宗教信仰、教育程度、财产状况、居住期限，都有选举权和被选举权；但是依照法律被剥夺政治权利的人除外。"

2016年12月16日澳门特别行政区立法会通过了第9/2016号法律，修改立法会选举法，提出了在立法会选举中设立保证金制度。法律规定参选组别必须在提交候选名单之前于银行账户存放25000澳门元，如果直接选举的候选名单所获票数少于提名委员会成员人数（300），间接选举的候选名单所获票数少于相关选举组别所获分配投票桌总数的20%，即提名底线，上述款项将不退还，收归澳门特别行政区所有。这无疑是从制度上来防止出现提交不具代表性的候选名单的举措。

（二）选人的竞争性

立法会选举是选择利益代表性人士的手段，而直接选举通过充分竞争来实现选择目的。《澳门特别行政区立法会选举法》对围绕直选展开的竞争做出一系列规定，包括选团应制定政纲，向选民表达自己的政治主张，可进行竞选活动，并设有竞选期。在竞选期内，候选人及本身为选民的提名委员会成员可自由展开竞选活动，澳门居民可自由、直接参与竞选活动。各候选人、候选名单受托人、提名委员会受托人以及政治社团可接受澳门特别行政区永久性居民供竞选活动使用的现金、服务或实物等任何具金钱价值的捐献。当然，捐献人必须是澳门本地居民，受捐人应当履行登记手续，并接受选举管理委员会监督，各候选名单的开支不得超过行政长官已批示规定的开支限额。竞选期间，竞选活动的组织者可自由使用进行竞选活动所需的特定工具，按照选举法的规定可以免费使用张贴宣传品的专用地方、电台与电视台的广播时间、公共建筑物或场所进行竞选活动。在竞选活动开始前和选举日翌日，可进行对有关选民对候选人态度的民意测验或调查，以及公布民意测验或调查的结果。在竞选活动期内，为选举目的之自由集会、相关巡行或游行可在任何日期和时间举行，当然须遵守因工作自由、通行自由、公共秩序的维持以及市民的休息时间所产生的限制。这些规定为各选团宣传自身的参选理念、推介本选团推出的候选人、争取更多选民对本选团的认同提供了有利条件。

事实上，由于直接选举倡导竞争，许多候选人和其所依托的社团不仅将争取选民认同的工作做在竞选期内，而且在日常也主动联系选民，主动为选民提供服务，以形成目标选民群体，为日后的选举奠定基础。因此，选举在很大程度上是对日常联系的目标选民、服务的选民进行再动员。直接选举的竞争是对抗性的，任何一个选团与其他选团都是竞争关系，只有所获选票超过当选门槛才可以当选，而且达到更高的标准则可获得更多的席位，而选票没有达到当选门槛，无论什么原因都不可当选。

表5-1显示了澳门回归后历届立法会中通过直接选举当选的立法会议员名单，其中澳门特别行政区第一届立法会由原来澳葡当局最后一届立法会议员直接过渡而来，是在全国人民代表大会澳门特别行政区筹委会的主持下，由澳门特别行政区第一届政府推选委员会负责补选产生，任期不足2年。表5-2则显示了澳门回归后历届立法会直选议员的连任情况。其中，从第一届立法会到第二届立法会，直选议员连任比例最低，非连任比例最高，这是由于第一届立法会是直接过渡而来；从第二届立法会开始，非连任议员基本上保持在5人左右。

表5-1　澳门回归后历届立法会中通过直接选举当选的议员名单

届别	议员人数（人）	当选议员名单
1999年第一届	8	唐志坚、周锦辉、冯志强、廖玉麟、梁庆庭、容永恩、吴国昌、高开贤（直接过渡而来，除容永恩外）
2001年第二届	10	吴国昌、区锦新、郑康乐、关翠杏、梁玉华、周锦辉、方永强、梁庆庭、容永恩、张立群
2005年第三届	12	区锦新、陈明金、周锦辉、冯志强、高天赐、关翠杏、梁玉华、梁庆庭、梁安琪、容永恩、吴国昌、吴在权
2009年第四届	12	关翠杏、陈明金、吴国昌、何润生、梁安琪、高天赐、区锦新、李从正、麦瑞权、吴在权、陈伟智、陈美仪
2013年第五届	14	陈明金、麦瑞权、何润生、施家伦、高天赐、梁安琪、关翠杏、吴国昌、区锦新、陈美仪、郑安庭、黄洁贞、宋碧琪、梁荣仔

资料来源：根据历届立法会选举期间的报道及澳门特别行政区立法会选举网站资料整理所得。

表5-2　澳门回归后历届立法会中直选议员连任情况

届别	直选议员人数（人）			所占比例（%）	
	总数	连任人数	非连任人数	连任议员比例	非连任议员比例
1999年第一届	8	—	—	—	—
2001年第二届	10	2	8	20.0	80.0
2005年第三届	12	7	5	58.3	41.7
2009年第四届	12	7	5	58.3	41.7
2013年第五届	14	9	5	64.2	35.8

资料来源：根据历届立法会选举期间的报道及澳门特别行政区立法会选举网站资料整理所得。

（三）选举活动的公平性

为了保证公平竞争，《澳门特别行政区立法会选举法》及其他相关法律就此做出一系列规定，以法律形式来保障选举活动的公开、公平、公正。《澳门特别行政区立法会选举法》规定，行政当局及其他公法人的机关，公共资本公司的机关，以及公共服务、属公产的财产或公共工程的专营公司的机关，不得直接或间接参与竞选活动，亦不得做出足以使某一候选名单以任何方式得益或受损而引致其他候选名单受损或得益的行为；上述实体的工作人员在执行其职务时，须对各候选名单及其提名人严格保持中立。同时，该法还规定候选人及本身为选民的提名委员会成员均有权取得平等的机会和待遇，以便自由地在最佳条件下进行竞选活动。

比如，对各选团的排号，由对有关候选名单进行抽签确定；应每一候选名单的要求，立法会选举管理委员会应在竞选活动期间将有关候选名单的政纲概要以适当方式公开；候选人及其提名人有权使用电台及电视台的广播，电台及电视台须公平对待各候选名单；对选团竞选所需用的表演场所，其租用价格不得超过有关场所在一场正常表演中售出半数座位所得的纯收入；在对公共地方和公共建筑物、表演场所以及其他公众易于到达的场地的使用上，若各候选名单之间出现竞争且不能达成协议，则由特别行政区政府行政公职局以公开抽签的方式分配。

在选举的投票、计票环节上，《澳门特别行政区立法会选举法》规定，选举权须由选民亲自到投票站行使，不容许以任何代表或授权方式为之，选民只可在每次选举中投票一次。任何人不得以任何借口强迫投票人透露已做的投票或投票意向；在投票站内和其运作的建筑物外 100 米范围内，任何投票人均不得以任何借口透露其已做的投票或投票意向。点票工作在立法会选举管理委员会指定的时间及地点进行；票站执行委员会成员、核票员、候选人、候选名单的受托人、候选名单驻站代表、社会传播媒介的专业人士或立法会选举管理委员会事先批准的其他人士可在场监察；如果点票工作的地点与投票的地点不同，上述人士可监察选票的运送。选举总核算工作由总核算委员会负责，总核算委员会的组成由行政长官以批示订定，并应由检察院的一名代表担任委员会主席。

为了保证选举活动的公平性，选举法还对选举程序组织方面的犯罪和竞选活动的犯罪条目及处罚做出了具体明确的规定。

第一，选举程序组织方面的犯罪行为包括：①无被选资格而参选；②重复参选；③以暴力、胁迫、欺骗、欺诈手段、假消息或任何其他不法方式压迫或诱导任何自然人或法人组成或不组成提名委员会，以暴力、胁迫、欺骗、欺诈手段、假消息或任何其他不法方式压迫或诱导任何提名委员会成员或其受托人递交、不递交或擅自修改候选名单，以暴力、胁迫、欺骗、欺诈手段、假消息或任何其他不法方式压迫或诱导任何人参选、不参选或放弃参选等。

第二，竞选活动方面的犯罪行为包括：①执行职务时违反法律规定的对各候选名单中立或公正无私的义务；②在竞选活动期间，以损害或侮辱为目的，使用某候选人姓名或任何候选名单的名称、简称或标志；③借骚动、扰乱秩序或喧哗而扰乱竞选宣传的集会、聚会、示威或游行和以同一方式妨碍集会、示威或游行的举行或继续进行；④抢劫、盗窃、毁灭或撕毁竞选宣传品，或使之全部或部分失去效用，诬告他人意图促使某一程序被提起，出于欺诈目的而冒充已登记的选民进行投票；⑤在同一选举中投票一次以上，以及执法人员在选举当日为使某选民不能前往投票而以任何借口使该选民离开其住所或使之留在其住所以外；⑥对任何选民使用暴力或威胁手段，或利用欺骗、欺诈手段、虚假消息或其他不法手段，强迫或诱使该选民按某意向投票或不投票；等等。

第三，贿选行为包括：亲自或透过他人提供、承诺提供或给予公共或私人职位、其他物品或利益，以使自然人或法人按某意向组成或不组成提名委员会，递交、不递交或擅自修改候选名单；指定、不指定或替换投票人，成为或不成为投票人，投票或不投票。对上述犯罪行为，法律均做出刑罚方面的规定。

第四，轻微违反包括：重复参选名单，投票站及总核算委员会职务的不担任、不执行或放弃，不具名的竞选活动，不按选举法律规定公布民意测验结果，非法集会、聚会、示威或游行，违反法律限制进行音响或图文宣传，不法商业广告，信息性刊物义务的违反，电台及电视台义务的不履行，政治社团或提名委员会不详列收入及开支未经许可或追认的选举开支、账目的不提交或不公开等。对上述犯罪行为，由法律做出禁止，并明确处罚规则。①

---

① 还可参考赵向阳《澳门选举制度研究》，社会科学文献出版社、澳门基金会，2013，第181~186页。

三　直接选举实践的特点

回归前（1976～1996 年），澳门先后进行了 6 次立法会选举；回归后，除第一届立法会议员由回归前最后一届立法会议员过渡而来外，先后进行了 4 次立法会选举（第二届至第五届）。1976 年和 1980 年的两届立法会选举主要是澳门土生葡人的游戏，虽然华人占到澳门人口的 97%，但没有华人组别通过直接选举进入立法会。直到 1984 年时任澳门总督的高斯达解散立法会，并且放宽对选民的资格限制，澳门华人才开始真正参与澳门立法会的直接选举。"如果说 1976 年《澳门组织章程》的颁布为澳门现行政制铸定模式，那么，1984 年高斯达总督建议解散立法会之举，则为澳门政制的现代化创造了必要的条件，也为政制发展排除了一些障碍。"① 到 1996 年澳门回归前最后一届（第六届）立法会选举时，已有 12 个组别参选，并且直接选举的竞争并非在华人与葡人之间进行，而是不同背景的多组别的相互竞争，各组织的实力反映了澳门社会各利益群体的结构状况。回归后，立法会直接选举制度基本没有变化，因此直接选举的竞争性继续保持。

（一）选团板块化

选举是选民表达自己政治意愿的过程，是由多数人挑选和决定少数人担当政治职务的过程。从实践上看，选举并不是选民漫无边际地表达意志，在选举投票前先行确定候选人和有参选组别竞争的背景下，选举则成为选民在若干个特定的对象中进行选择的过程。澳门立法会直接选举首先要由政治性社团或由 300～500 人组成的提名委员会提出参选组别，然后由选民对这些组别进行投票选择。于是，选举的竞争集中表现为各选团争取选民的竞争。

---

① 见吴志良为李炳时所著之《澳门总督与立法会》所作的编后语，见该书第 147 页，澳门基金会，1994。

表 5 – 3　回归后第二届至第五届澳门立法会直接选举中参选组别及选举结果汇总

单位：张，个

组别	2001 年第二届		2005 年第三届		2009 年第四届		2013 年第五届	
	得票数	获得席位数	得票数	获得席位数	得票数	获得席位数	得票数	获得席位数
根在澳门	1569	—	—	—	—	—	—	—
亲民协会	2216	—	—	—	—	—	—	—
新希望	4551	—	9974	1	12908	1	13130	2
中层人士同盟	877	—	—	—	—	—	—	—
民主新澳门	16961	2	23489	2	11024	1	8827	1
娱乐联谊会	5170	1	—	—	—	—	—	—
民权协进会	237	—	191	—	—	—	—	—
澳门旅游娱乐文化促进会	2360	—	—	—	—	—	—	—
职工同盟	700	—	457	—	—	—	—	—
浩然朝阳促进会	850	—	—	—	—	—	—	—
澳门民主民生协进会	1250	—	4358	—	—	—	—	—
同心协进会	12990	2	16596	2	21098	2	11960	1
繁荣澳门同盟	10016	2	6081	1	—	—	—	—
群力促进会	11276	2	11989	2	14044	1	15815	2
澳门社会经济改革促进会	9955	1	—	—	—	—	—	—
为澳门	—	—	892	—	—	—	—	—
澳门新力量	—	—	448	—	—	—	—	—
民主起动	—	—	655	—	1141	—	923	—
澳门新青年	—	—	3058	—	—	—	—	—
爱澳同盟	—	—	8529	1	—	—	—	—
澳门发展联盟	—	—	11642	1	—	—	—	—
澳门前瞻协进会	—	—	1974	—	—	—	—	—
澳门幸运博彩业职工总会联盟	—	—	921	—	—	—	—	—
亲民爱群协会	—	—	2943	—	2334	—	2306	—
澳门民联协进会	—	—	20701	2	17014	2	26426	3
澳粤同盟	—	—	—	—	10348	1	16251	2
同建盟	—	—	—	—	5389	—	—	—
民主昌	—	—	—	—	16424	2	10987	1

续表

组别	2001 年第二届		2005 年第三届		2009 年第四届		2013 年第五届	
	得票数	获得席位数	得票数	获得席位数	得票数	获得席位数	得票数	获得席位数
改革创新联盟	—	—	—	—	7857	1	8755	1
公民	—	—	—	—	5329	—	5225	—
社会公义	—	—	—	—	1627	—	—	—
澳发新联盟	—	—	—	—	14099	1	13093	1
社民阵	—	—	—	—	256	—	179	—
齐建澳	—	—	—	—	905	—	—	—
自由新澳门	—	—	—	—	—	—	3227	—
公民权益	—	—	—	—	—	—	848	—
澳门梦	—	—	—	—	—	—	1006	—
工人运动	—	—	—	—	—	—	227	—
基层监督	—	—	—	—	—	—	368	—
超越行动	—	—	—	—	—	—	1642	—
关爱澳门	—	—	—	—	—	—	5323	—

资料来源：澳门特别行政区立法会选举网站。

从表 5 - 3 中可以看出：①在回归后的 4 次立法会直接选举中，参选组别大体在 15 ~ 20 个，每届选举虽有新组别参加，但多数组别是持续多届参选；②获得议席的组别相对稳定，这些组别的得票数占选票的 80% 以上，成为目前选举中的主要组别；③一些组别有一定的同类性，且相互之间选票有流动，因此这种现象被社会上习惯地称为"板块"，当然各板块间也有票源的流动，这反映了板块结构的变化，而板块内部各组别选票流动，既有竞争的因素，也有人为的配票因素。

对于目前获得议席的组别，可以将其大体分为 4 个板块：①传统社团板块，主要包括"同心协进会""群力促进会"；②工商乡族板块，主要包括"民联协进会""粤澳同盟""澳发新联盟""改革创新联盟"；③"民主"标记板块，主要包括"民主昌""民主新"；④土生葡人和公务员团体板块，主要是"新希望"（见表 5 - 4）。在未获得议席的参选组别中，一些组别也带有板块特征，比如，一些青年参选组别、一些小的团体的组别，它们虽然没有获得议席，但均有相对稳定的选票（见表 5 - 5）。

表 5-4　回归后第二届至第五届澳门立法会中四个板块获得议席情况

单位：张，%

板块	组别	2001 年			2005 年			2009 年			2013 年		
		得票数	占比	席位数	得票数	占比	席位数	得票数	占比	席位数	得票数	占比	席位数
传统社团	同心协进会	12990	16.04	2	16596	13.29	2	21098	14.88	2	11960	8.16	1
	群力促进会	11276	13.92	2	11276	13.92	2	14044	9.90	1	15815	10.79	2
	累计	24266	29.96	4	27872	27.21	4	35142	24.78	3	27775	18.95	3
工商乡族	澳门民联协进会	—	—	—	20701	16.57	2	17014	12.00	2	26426	18.04	3
	澳粤同盟	—	—	—	—	—	—	10348	7.30	1	16251	11.09	2
	爱澳同盟	—	—	—	8529	6.83	1	—	—	—	—	—	—
	澳发新联盟	—	—	—	—	—	—	14099	9.94	1	13093	8.94	1
	澳门发展联盟	—	—	—	11642	9.32	1	—	—	—	—	—	—
	改革创新联盟	—	—	—	—	—	—	7857	5.54	1	8755	5.98	1
	繁荣澳门同盟	10016	12.37	2	6081	4.87	1	—	—	—	—	—	—
	累计	10016	12.37	2	46953	37.59	5	49318	34.78	5	64525	44.05	7
"民主"标记	民主新澳门	16961	20.95	2	23489	18.81	2	11024	7.77	1	8827	6.02	1
	民主昌	—	—	—	—	—	—	16424	11.58	2	10987	7.50	1
	自由新澳门	—	—	—	—	—	—	—	—	—	3227	—	—
	累计	16961	20.95	2	23489	18.81	2	27448	19.35	3	23041	13.52	2
土生葡人和公务员	新希望	4551	5.62	—	9974	7.99	1	12908	9.10	1	13130	8.96	2
	累计	4551	5.62	—	9974	7.99	1	12908	9.10	1	13130	8.96	2

　　注："爱澳同盟"从第四届起改名为"澳粤同盟"；"澳门发展联盟"从第四届起改名为"澳发新联盟"；第二、第三的"繁荣澳门同盟"由周锦辉领军，第四、第五届的"改革创新联盟"由周锦辉夫人陈美仪领军，周锦辉没再参选。

　　资料来源：澳门特别行政区立法会选举网站。

表5-5 澳门回归以来以青年人为主的参选组别的发展情况

单位：张，%

时间	参选组别	选票数	占比	是否获议席
2001 年	0	—	—	—
2005 年	澳门新青年	3058	2.45	否
2009 年	公民力量	5329	3.76	否
2013 年	公民力量	5225	3.57	否
	超越行动	1642	1.12	否
	自由新澳门	3227	2.20	否
	小计	10094	6.89	—

资料来源：澳门特别行政区立法会选举网站。

（二）选团基础多样化

按照澳门选举法律的规定，提名参加立法会选举的是政治社团和由300～500名有选举权的人组成的提名委员会。关于政治社团，8月9日第2/99/M号法律《结社权规范》有明确的定义，即主要为协助行使公民权利及政治权利以及参加政治活动的具有长期性质的组织。政治社团得特别致力于参加选举，提出施政及管理上的建议、意见以及大纲，参加管理机关的活动及市政机构的活动，批评公共行政的活动，促进对公民、政治教育的认识。政治社团的登记，至少须由200名常居澳门且完全享有政治权利及公民权利、年龄超过18岁的居民签署的声明做出。政治社团应受透明原则、民主组织和民主管理原则，以及全体成员参加原则管制。[1] 但是澳门回归后，申请成立政治社团的寥寥无几，报名参加立法会选举的尚没有政治社团，全部为提名委员会。这也反映了澳门作为社团社会的特点。

通过具体分析澳门各选团特别是获得议席选团的背景，更可以看到澳门选团结构的特点。

传统社团板块，顾名思义，是以传统的爱国爱澳社团为核心形成的。在回归前的长时间里，澳门一直是"华洋共处分治"的二元社会，社团是众

---

[1] 8月9日第2/99/M号法律《结社权规范》第13～16条。

多华人维护自身权益的重要依托。正如有些学者的描述，20 世纪 80 年代之前，澳葡政府一直对澳门实施"无为而治"，澳门社团通过自身的组织网络实现了社会自治，行使了社会服务和社会管理的功能。① 澳门早期的民间社团主要是慈善联谊性质的，对政治介入不深。新中国成立时，澳门华人社会中出现了响应内地新政治形势的结社活动，形成了包括工、商、渔、农等行业的团体，甚至街坊、妇女等各个层面的社团组织。这些社团以"支持新中国""抵御外侮""互助团结"等为共同目标。当时的澳门华人社会亦分化出亲国民党的另一派力量。而 1966 年"一二·三"事件②后，亲国民党的社会组织全面撤出。澳门华人都不愿意接受澳葡政府的管治，于是街坊会迅速发展起来，到 1968 年，街坊会可算是半个政府。③ "一二·三"事件后，传统社团获得飞跃性发展，澳门街坊会联合总会、澳门工会联合总会、澳门妇女联合会、澳门中华教育会和更早成立的澳门中华总商会，成为澳门社会五大代表性爱国社团。1976 年，澳门开始进行立法会选举，有中华总商会背景的工商界代表首先通过间接选举和委任的方式被吸纳进立法会；1984 年以后，街坊总会等爱国社团组织的选团则一直成为参与立法会直接选举的重要角色，并且始终占有一定比例的席位。

有"民主"标记的板块，是由吴国昌等领军的一支选举力量。1989 年，吴国昌等成立了"澳门民主发展联委会"，后来又和一些志同道合者组织成立了"新澳门学社"，学社被称为是一个由"以评论、监察政府施政而被提名当选的议员组成的社团"。1992 年，"新澳门学社"以"民主新澳门"名义参加立法会直选，吴国昌当选；1993 年参加澳门市政议会选举，区锦新

---

① 潘冠瑾：《澳门社团体制变迁：自治、代表与参政》，社会科学文献出版社、澳门基金会，2010，第 56 页。

② "一二·三"事件的简要过程如下：澳门氹仔居民于 1966 年 11 月因自筹经费兴建坊众小学，与澳门市政当局发生冲突。12 月 3 日，澳门各界代表赴澳督府请愿，澳葡当局派军警殴打请愿代表，激起澳门人民极大的愤慨，抗议当局的暴行，而澳葡当局不顾一切地镇压群众，制造了"一二·三"血案。事后，澳门各界罢工罢市，但澳葡当局继续大规模镇压。后广东省人民政府外事处向澳葡当局提出 4 项严正要求，《人民日报》也发表了题为《严厉警告澳门葡萄牙当局》的评论员文章。1967 年 1 月 29 日，澳葡当局被迫宣布无条件接受所有要求。关于"一二·三"事件的详细论述，可参见吴志良《澳门政治发展史》，上海社会科学院出版社，1999，第 233～257 页。

③ 潘冠瑾：《澳门社团体制变迁：自治、代表与参政》，社会科学文献出版社、澳门基金会，2010，第 48～49 页。

获得一个议席；其后，吴国昌在 1996 年连任；在回归后的四次立法会选举中，吴国昌、区锦新 4 次当选，陈伟智 1 次当选。

土生葡人和公务员团体板块，它的代表性人物是澳门公职人员协会主席高天赐。高是土生葡人，但是他在选举中有意识地淡化土生葡人这一概念，而是借助原为政府公务员、现于公职人员协会任职的条件，将表达公职人员特别是基层公职人员的诉求作为主打牌，力求成为基层公职人员的代言人，获得了可以当选的支持票。

工商乡族板块，这个板块既有具工商背景的选团，又有具乡族背景的选团，但是由于即使是乡族选团，其核心人物仍是既有草根经历又有工商背景，因此人们习惯将其归列在一起。澳门是个移民社会，历史上广东到澳门定居的居民占很大比重，20 世纪 80 年代，又有大量的福建居民来到澳门定居，在近几届立法会直接选举中获得 2 个以上席位的"民联协进会"获得了福建同乡会很大的支持，"粤澳同盟"则是以江门同乡会为背景；而"澳发新联盟"是由澳门博彩娱乐公司何鸿燊的太太梁安琪举旗，主要依靠本公司员工选票的一个选团；"改革创新联盟"则是由澳门商人周锦辉夫妇牵头，联系麾下企业员工和长期联系社团的成员所形成的选团。这些选团都有工商背景，跨越了雇主和雇员两个阶层，它们以乡族或企业为纽带，将大量不同阶层的人员联系在一起。

从历史上看，回归前，在与殖民主义的斗争中，爱国工商界代表和社会基层群体的代表就经常站在一起，商会还同基层社团联合组团参选。而澳门人口结构中源源不断的移民和以博彩业为主导的产业结构，对澳门社会结构与社会阶层的形成产生重大影响。一方面，大量新移民来澳，借助乡族社团的帮助而立足，其中一些原本是草根一族的人士靠打拼发展起来，成为经济上的实力派，并成为一些乡族社团的领军人物；另一方面，由于博彩业作为主导性产业吸附了大量人力资源，博彩业从业人员成为澳门就业人口中最庞大的职业群体，在多家博彩企业竞争中，一些本地企业将自身的某些利益与企业员工捆绑在一起。在上述两大因素的作用下，澳门出现了社会阶层意识模糊、利益边界相互交叉与重叠的现象。因此，不同的社会阶层在选举时较难按照社会阶层属性准确判定与挑选代表自身利益的代表，即使是作为雇员阶层的博彩业从业人员，也完全有可能因为行业利益或企业利益而投票支持作为雇主阶层的候选人。① 澳门选团的属性有别于一般选举中选团的政治属性。

（三）政纲效应置后化

按照选举法律规定，参加选举的选团即"提名委员会"应制定政纲，政纲应载明候选名单拟贯彻的方针的主要资料。② 每次选举时，各选团亦均遵照法律规定制定政纲，并由政府加载有关网站或印制宣传资料在社会上散发。但是从实际情况看，各选团的政纲内容雷同的情况比较明显，选民们也很难通过政纲完全把握各个参选组别的全部政治主张。

例如，在 2013 年第五届立法会选举中，"反贪腐、保民生、倡法治"是各参选组别的共同目标，其中住房、医疗、教育、物价、环境又都是各组别的共同话题。新澳门学社的"民主昌澳门"和"民主新澳门"两个组别的选举口号均为"反贪腐、争民主、保民主"，其他诸多选团的政纲中亦有类似内容。"同心协进会"的政纲中列有经济发展、劳动权益、社会民生、民主政治、行政改革、教育发展、青年发展、宜居城市建设 8 个方面；"群力促进会"的政纲提出纾解民生难题、共创幸福澳门，保障各方权益、共建和谐澳门，促进多元发展，共谋活力澳门，营造宜居环境、共享美丽澳门，发展民主政治、共筑公义澳门。两部政纲就其具体内容来讲，大同小异。将"民主昌澳门"的政纲与"同心协进会"的政纲相比较，"同心协进会"的政纲在政治方面提出民主政治、行政改革两项主张，"民主新澳门"则提出争取更多议席为市民发声、建立机制反贪腐、循序渐进争民主三项主张，而在市民最关心的民生诉求方面，其内容则很相近。

然而，虽然选民在选举中难以完全系统地了解和研究各选团的参选政纲，并对其进行比较，但是对各选团的政纲特别是获得议席选团的政纲，选民并非完全不理会，而是在选举之后在观察议员表现时做一对照。所以说，选团的参选政纲虽不决定本次选举的胜负，但会对未来的选举产生影响。在 2013 年立法会直选中，最耐人寻味的是，传统社团板块和民主标记板块得

---

① 娄胜华：《错位代表性及其根源分析——以澳门特区第五届立法会选举为中心》，《当代港澳研究》第 12 辑，第 111 页。

② 《澳门特别行政区立法会选举法》第 28 条第 2 款。

票下降，"同心协进会"和"民主昌澳门"较上一届各减少1席，而工商乡族板块的选票增加，尤其是"民联协进会"在改良汉狄计算法的规则下获得了3席（见表5-4）。这些选团得票的下降和上升都与选民对其此前的参选政纲履行情况的评价有关。

对此，有学者分析认为，"民联协进会"选票大增，主要是凭借资源丰富优势在为市民争取利益方面做了工作，且在监督政府方面也有成绩。"民联协进会"的陈明金出身基层，以关注民生为己任，在各区设立了7个议员办事处，为求助者解决问题，而且陈明金的议员工作成效明显，在监督政府及为基层争取利益方面发挥了一定作用，获得弱势社群好评。[1] 对于有民主标记板块的选举失利，有学者认为，"新澳门学社"近年花了较大力气对部分同样扎根基层的传统社团展开攻击，这导致其在房屋、交通、医疗等民生施政议题上发力不足，未能紧贴民众，切实解决民众最关注的民生问题，导致选票流失。[2] 另外，"新澳门学社"推出由周庭希领军的"自由新澳门"，由周庭希组织的学社青年系列社会行动表现较为激进，然而这种港式激进路线在现时的澳门社会并没有为广大市民所认可，甚至可以说遭到广大市民的排斥。[3] 传统社团板块选票减少，则与近年博彩派与乡情派崛起有关，原属于"澳门幸运博彩业职工总会联盟"的"同心协进会"的大量博彩员工及其家属的选票被博彩派夺去，原属于街坊总会"群力促进会"的大量基层与街坊票则被乡情派夺去。同时，在回归前，传统社团充当了澳葡政府与华人社会之间的桥梁，在争取与维护华人利益上作用很大，回归后这些优势逐渐消失，剩下的优势主要是劳工与基层工作，但是这一优势近年有所弱化。

（四）政治选择与情感因素相交织

在澳门的选举中，由于社团成为立法会直接选举的基本载体，情感因素成为联系选团和选民的重要纽带。回归前，在澳门立法会选举的过程中，

---

[1] 陈丽君：《澳门第五届立法会选举述评》，《江汉大学学报》（社会科学版）2015年第2期，第9页。

[2] 陈丽君：《澳门第五届立法会选举述评》，《江汉大学学报》（社会科学版）2015年第2期，第10页。

[3] 庄真真：《2013澳门立法会选举的反思与建议》，《当代港澳研究》2014年第1期，第9页。

"透过建立老人中心，经常组织老人的文娱康体活动，到了选举日，则把组织老人投票，当作一项形式稍异的常规性户外活动来安排"，"事实上，参选的各派势力，都在不同程度上提供哪怕是象征式的好处，向公民意识和文化程度偏低的居民拉票"。① 回归后，这种现象依然存在。有学者认为，澳门的选举由社团主导。社团作为非政治组织，很难像规范的政治组织（政党）那样来规范。在日常活动、会员对象、资金往来等方面，社团所受规管较为松弛，甚至受到鼓励。比如，社团（包括参选社团）向会员或面向社会成员提供免费或优惠服务，通常不会受到规管，相反，政府以赞助资源的方式予以鼓励与支持。然而，这种服务是否可以被认定为影响服务对象（选民）投票的手段呢？这显然是难以判断的。即使是在选举期间做出上述行为，仍然难以判定这些行为是否属违法行为，因为相关社团会辩称此属社团服务而非选举行为。因此，社团参选使判别与惩治贿选与不规则选举行为变得困难，此为贿选等不法选举行为时隐时现，始终伴随澳门选举并影响与干扰选举结果的重要原因。② 2001 年第二届立法会选举时，澳门廉政公署就传讯了 400 多人，其中 80 人被列为嫌犯送司法机关追究。③ 截至 2005 年第二届立法会选举，澳门廉政公署处理选举投诉案件 423 宗，立案 12 宗，共有 700 人被列为嫌犯并被追究责任。④ 针对这样一种情况，2008 年澳门特别行政区对选举法进行了一次修改，其中一项重要内容就是加大打击贿选的力度。2009 年立法会选举时，有关贿选的举报明显减少，但在 2013 立法会选举时，一些疑似违规拉票、贿选的行为重现，引起了社会上的不满。2016 年 12 月 16 日，澳门特别行政区立法会通过的第 9/2016 号法律，进一步完善了相关制度规定，意在实现选举的公平公正。

四 值得关注的问题

综上所述，澳门特别行政区立法会的直接选举是居民政治参与和通过竞

---

① 李炳时：《澳门总督与立法会》，澳门基金会，1994，第 134 页。

② 姜胜华：《错位代表性及其根源分析——以澳门特区第五届立法会选举为中心》，《当代港澳研究》第 12 辑，2012，第 115、116 页。

③ 参见《澳门廉政公署 2001 年年报》，第 73 页。

④ 参见《澳门廉政公署 2005 年年报》，第 47 页。

争选举部分议员的重要方式，它在很大程度上体现了民主精神。但是，与西方政党政治中的选举比较，澳门的直接选举有依法公平竞争的一面，也有由于情感等因素的较多融入而公平性、公正性不能充分体现的一面，尤其是社会发展过程中所沉积的一些深层次的问题，需要一个较长的过程才能一步步解决。

（一）错位代表性

在委托—代理关系下，作为委托人的选民以选票委托自己的利益代表进入立法会，代表自己行使参政议政的权利。一般而言，选民自主投票的结果应该可以大致反映选民的利益结构，就是说，由于出身社会基层的选民占多数，所以通过选举产生的立法机关议员中，基层议员相对较多，甚至可能主导立法机关。但是在澳门立法会选举中，并不是这样一种形态，具有商界利益背景的人士明显大于其在选民中所占的比重，造成其他利益群体代表性不足，导致错位代表问题。尤其是在 2013 年立法会直选中，新增加的 2 个议席完全由有工商乡族背景的选团获得，这一态势有放大趋势。这种现象的存在主要与一些选团以乡族社团或企业为基础有密切关系。从性质上讲，乡族类社团和企业带有"庇护性组织"的特点。在庇护性组织中，团体领袖与团体成员之间是庇护与被庇护关系，领导者以其拥有的地位与资源为团体成员提供某种庇护或便利（优惠），从而换取其忠诚与支持。[①] 这些"庇护性组织"跨越社会阶层，缺乏清晰的利益代表性，以其作为参选与动员工具，很难获得与社会阶层相对应的利益代表性。在政治性选举中，它是带有过渡性的。

（二）攻击抹黑

随着选举竞争的加剧、网络在信息传播和社会联系中的广泛应用，以及外部劣质选举手法对澳门的渗入，对选团的攻击抹黑成为选举中的一种普遍现象，以往只有一两个参选组别被抹黑。但在 2013 年，差不多每个参选组别都被抹黑。有网民在投票日临近时指出，"最近几天网络流言和各种爆料

[①] 娄胜华：《错位代表性及其根源分析——以澳门特区第五届立法会选举为中心》，《当代港澳研究》第 12 辑，2012，第 115 页。

满天飞，涉及几位参选人，让人无从判断真假"，① 其中更有恶意造谣、人身攻击等行为发生，有的组别遭受连番的围攻谩骂。这不仅影响选民正常的选择与判断，而且严重破坏了澳门长期形成的和谐相处、文明竞争的良好社会风气。

2016 年 12 月 16 日澳门特别行政区立法会通过了第 9/2016 号法律，再次修改了立法会选举法，对有关选举的宣传问题做出多项具体规定，包括清晰界定竞选宣传和选举活动，明确规定将发布引起公众注意某一或某些候选人、以明示或默示方式建议选民投票或不投票此一或此等候选人的行为视为"竞选宣传"。对于竞选宣传活动，候选名单的受托人应最迟于选举日之前第 18 日，以书面或电子方式向立法会选举管理委员会提交一份申报书，通知拟举办或拟参加的竞选宣传活动的内容、举行日期以及地点。其后，若之前已做通知的活动的日期、地点或内容有变，则应重新提交申报书以更新资料。

（三）贿选

澳门立法会为打击贿选订定了一系列十分严厉的惩处性规定。《澳门特别行政区立法会选举法》明确规定了贿选罪，对于行贿人，按不同情况处以一年至五年徒刑，或处以一年至八年徒刑。澳门回归以来，贿选的表现方式主要有：①直接买卖选票，即以一定金额的现金直接向选民买票；②贿赂社团领导或以捐助社团的方式买票，如直接支付给社团款项或支付给社团领导层个人款项，要求动员全体社员在立法会选举过程投票给特定候选名单；③向选民提供饮食、娱乐以及旅游款待，如在选举日款待选民、宴请助选人员及"支持者"，或者在选举前数月便开始以各种名义款待选民，提供免费饮食及娱乐，举办免费或象征式收费的旅行团；④以现金作为诱饵，诱使他人做选民登记，如举行选民登记比赛，鼓励其下属或员工办理选民登记，多者可以获得奖励；⑤收集选民证或留置选民证。② 随着选民民主素质的提升，以及廉政公署对贿选行为的不断打击，明目张胆的贿选行为逐渐有所收

---

① 《网民倡被抹黑者澄清》，《澳门日报》2013 年 9 月 11 日，B1 版。
② 还可参考廉政公署《有关完善立法会选举制度的分析研究》（2016 年）及立法会选举管理委员会《2013 年立法会选举活动报告》（2014 年 2 月）。

敛或转向地下。2008 年选举法修改时，删除了必须持选民证才能投票的制度。2013 年立法会直选中，疑似违规贿选现象仍有抬头之势。究其原因，这一方面与选民的素质有关，另一方面也与澳门以社团为基础的选举有关。社团与政党不同，社团与会员之间的联系纽带是多元的，如以地缘或乡缘为联系会员纽带的乡缘社团；以业缘为纽带联结会员的业缘性社团，像行业协会、专业协会等；以学缘为联系纽带的社团属学缘性社团，如各种学会、同学会等。这些社团组织仅具有微弱的利益代表性或基本不具有利益代表性，在日常它又发挥着联系各界市民、凝聚人心的重要的纽带作用，这就给将社团的联谊功能、服务功能、慈善功能与向选民进行利益输送、影响选民投票取向分开增加了难度。2016 年 12 月 16 日澳门特别行政区立法会通过第 9/2016 号法律，从澳门的实际出发，进一步完善打击贿选的具体措施，包括：进一步明确参选接受捐献的范围，明确规定各候选人、候选名单受托人、提名委员会受托人以及政治社团只可接受澳门特别行政区永久性居民供竞选活动使用的现金、服务或实物等任何具有金钱价值的捐献；进一步规限选团选举开支限额，规定各候选名单的开支限额由行政长官批示规定，须低于澳门特别行政区总预算前十年总收入平均数的 0.004%；引入法人刑事责任制度，法人即使属不合规范设立者，以及无法律人格的社团及特别委员会，也须对其机关或代表以其名义且为其集体利益而做出本法律所规定的刑事不法行为及轻微违反承担责任；在不影响刑法在空间上适用的一般制度以及司法互助的相关规定的情况下，该法律亦适用于在澳门特别行政区以外做出的构成犯罪或轻微违反的事实；如前文所述，法人若于选举日之前的第 15 日至选举日期间在澳门特别行政区或其以外地方举办任何旨在向成员提供福利的非竞选活动，尤其是提供餐饮、旅游、娱乐、津贴以及礼物等活动，应最迟于选举日之前第 18 日通知立法会选举管理委员会活动的内容；等等。这些规定表达了广大市民希望推进廉洁选举的呼声，将进一步规制和打击选举中出现的违规行为。

第六章　澳门立法会间接选举制度及其实践

澳门特别行政区立法会的间接选举是界别内的选举，即法人选民委派代表在界别内以无记名方式投票选举部分议员的选举。它以职业代表制为基础，兼顾各阶层利益，带有协商民主的某些特性。其选举办法与直接选举有相同之处，亦有诸多不同之处。

一　间接选举制度

（一）间接选举中的选民

间接选举中的选民是经登记符合参加选举资格的社团和组织，即法人选民。《澳门特别行政区选民登记法》规定，凡已在特别行政区政府身份证明局登记、获确认属于相关界别至少满 4 年、取得法律人格至少满 7 年的社团和组织，均得做法人选民登记。

这一规定有一个不断发展的过程。1988 年，澳门选举法第一次对具有法人选民资格的社团的成立年限做出要求。当时通过的 6 月 6 日第 10/88/M 号法律规定，社团集体"取得主动选民资格的条件"是"在选民登记期已成立超过一年"。1991 年通过的 4 月 1 日第 4/91/M 号法律规定，取得间接选举选民资格的社团必须"享有三年以上法律人格"，即从原来规定的社团成为法人后一年延长至三年。按照澳门《结社权规范》的规定，在澳门除不许成立武装团体，军事性、军事化或准军事化社团，以及种族主义组织，社团不得以推行暴力为宗旨，或违反刑法，或抵触公共秩序外，任何人有权自由地无须取得任何许可而结社，结社条件十分宽松，因此从有选举制度开始即对参加选举的社团设有参选资格的要求。回归后的选举法沿用了回归前的法人选民资格条件，即取得法人资格3年并获界别认可。然而在选举实践中，一度出现法人选民猛增的情况，有的社团被认为专门为参加选举而成立，有"种票"之嫌。为此，2008年新修订的《澳门特别行政区选民登记法》再次提高了取得法人选民资格的"门槛"，在原来成为法人3年的基础上增加4年，即获法人选民资格3年后才可以申请利益界别的确认，获确认相关界别后至少满4年才可以登记为法人选民。

对法人社团确认界别，是因应间接选举在界别内选举而设立的规则。《澳门特别行政区选民登记法》将参选社团分为7个界别：工商、金融界，劳工界，专业界，社会服务界，文化界，教育界，体育界①。凡已取得法律人格至少满3年的法人可申请确认，但每一法人仅得申请确认上述7个界别中的一个界别。做出上述所指的确认，属于行政长官的权限；该确认由行政长官就不同个案听取以下实体所提供的意见后做出：①社会协调常设委员会就工商、金融界，劳工界和专业界的法人确认提供意见；②社会工作委员会就社会服务界的法人确认提供意见；③文化咨询委员会就文化界的法人确认提供意见；④教育委员会就教育界的法人确认提供意见；⑤体育委员会就体育界的法人确认提供意见。②

2008年修订的《澳门特别行政区选民登记法》进一步规范了社团利益界别确认制度。法人界别确认的有效期为5年，已获确认属于某界别的法人，每年应最迟于9月最后一个工作日向相关负责实体交送年度总结报告。负责实体最迟于10月15日公开未送交年度总结报告的法人名单及其认别资料。上述法人须于确认有效期届满前90~150日内申请续期，若逾期不递交确认申请，其界别确认则于有效期届满时即告失效。不按第30条的规定提交年度总结报告的法人选民，如果在随后的5个历年内再次不提交年度总结报告，自下一个选民登记册完成展示之日起中止其法人选民登记的效力。若法人自登记效力被中止起计的5个历年内不按第30条的规定提交年度总结

---

① 《澳门特别行政区选民登记法》第27条。
② 《澳门特别行政区选民登记法》第29条。

报告，其选民登记自下一个选民登记册完成展示之日起注销，并规定了社团章程修改须进行重新评审确认，以及更改利益界别、确认失效、法人选民中止等相关事宜。

（二）间接选举的运作规则

1. 界别划分和名额分配

《澳门基本法》附件二规定，第二届立法会由 27 名议员组成，其中间选议员 10 人；第三届及以后各届立法会由 29 名议员组成，其中间选议员仍为 10 人。据此，第 3/2001 号法律《澳门特别行政区立法会选举法》将这 10 名议员划属四个界别：①雇主利益选举组别 4 名；②劳工利益选举组别 2 名；③专业利益选举组别 2 名；④慈善、文化、教育及体育利益选举组别 2 名。与回归前的界别划分相比，这四个界别的划分没有变化。2008 年特别行政区在修改立法会选举法时，将四个界别的名称加以修改，使其与行政长官选举委员会选举中的界别分类相一致：①工商、金融界选举组别产生 4 名议员；②劳工界选举组别产生 2 名议员；③专业界选举组别产生 2 名议员；④社会服务、文化、教育及体育界选举组别产生 2 名议员。

2012 年，在处理澳门政制发展问题过程中，根据全国人大常委会的决定，第五届澳门立法会议员人数由原来的 29 人增加到 33 人，其中直选议员和间选议员各增加 2 人，间选议员由原来的 10 人增加到 12 人。据此，修改后的《澳门特别行政区立法会选举法》规定，第五届及以后各届立法会间选议席按 5 个选举界别产生，名额分配为：①工商、金融界 4 名；②劳工界 2 名；③专业界 3 名；④社会服务及教育界 1 名；⑤文化及体育界 2 名。[1]

以上所指的选举界别，由登录于选举日期公布两日前最后一个已完成展示的相关界别的选民登记册内的法人组成。

2. 投票人

按照《澳门特别行政区立法会选举法》的规定，每一位具投票资格的法人享有最多 22 票投票权，由在订定选举日期之日在职的法人领导机关或管理机关成员中选出的最多 22 名具有投票资格的投票人行使。每一位法人须最迟于选举日前第 45 日将投票人名单提交给特别行政区政府行政公职局局长，并

---

[1] 《澳门特别行政区立法会选举法》第 22 条第 2 款。

附各投票人分别签署同意代表法人行使投票权的声明书（当中必须声明只代表一个法人行使投票权）和特别行政区政府身份证明局按照该法人章程所载的领导机关或管理机关成员名单签发的证明书。法人须最迟于选举日前第2日到特别行政区政府行政公职局提取容许行使投票权的证明书。投票人不得签署一份以上声明书，否则此等声明书无效，而相关法人不得因此更换或替补投票人。

在第二届至第四届立法会选举中，每位法人选民原来规定最多享有11票投票权，2012年修订立法会选举法时，将之前规定的11票增加到22票。① 这次修订删除了2008年新增写的第24条第2款有关"间选等额提名即无须投票"的规定，这意味着重新恢复2001年法律中"间选等额提名的情况下亦须举行投票"的办法。

3. 选举标准和参选名单的组织

立法会间接选举亦按比例代表制进行，依改良汉狄计算法计票。计票时，分别核算每一候选名单的得票数目，将每一候选名单的得票数目顺次除以1、2、4、8及续后的2的乘幂，所除次数为供分配议席的数目；然后，将所有商数由大至小排成一个序列，而组成该序列的商数数目等于议席的数目②。这一点与直接选举的规则相同。但在名单组织上，间接选举与直接选举有所不同，规定参加间接选举的候选名单所载的候选人数目应等于分配予有关选举界别的议席数目，③ 即一个有4个议席的界别，每一参选组别必须为4人；一个有2个议席的界别，每一参选组别必须为2人。参选组别为由界别的法人组成的提名委员会。提名委员会须最少由该选举组别登载于选举日期公布两日前最后一个已完成展示的选民登记册的法人总数的20%组成。④ 目前的这一提名门槛，是经过2012年立法会选举修订的，由原来的法人总数的25%调整到20%，这一调整的目的在于适当降低间接选举的提名门槛。

二　间接选举制度的价值取向

《澳门基本法》和澳门本地选举法律将回归前的间接选举制度加以保

---

① 《澳门特别行政区立法会选举法》第22条第4款。
② 《澳门特别行政区立法会选举法》第17条。
③ 《澳门特别行政区立法会选举法》第23条。
④ 《澳门特别行政区立法会选举法》第43条。

留，将部分议员的选举划定在一些界别内进行，形成了一种与澳门的社会结构特点和文化传统习惯相呼应的选举形式。

（一）体现均衡参与的原则

"均衡参与"原则与西方民主制度中的"平衡原则"的内涵大致一致。"平衡原则"是西方选举制度所遵循的一个重要原则，各个国家的议会组成均以不同形式体现这一原则。英国是西方代议制民主的发祥地，是世界上较早实行普选制度的国家。英国议会分为上议院和下议院。英国上议院议员包括王室后裔、世袭贵族、终身贵族、上诉法院法官和教会大主教及主教，由委任产生，近年来虽进行了一些改革，但其性质没有改变。而选举则主要是下议院议员的选举。美国国会设有参议院和众议院，在两院选举对各州名额分配上，也不是简单的"同票同权"，而是既考虑人口因素又考虑地域因素。参议院议员名额为 100 名，无论各州人口多少，每一州均分配 2 个议员名额。参议员任期为 6 年，每隔两年改选约 1/3 议席。众议院议员总数为 435 名，各州拥有的席位则以人口为基准，但每个州至少有 1 个议员名额。众议员任期为 2 年，无连任限制。在德国的选举中，每位选民在一次选举中必须投两张票：一张投给他支持的议员候选人，即每个选区只产生 1 名议员；另一张则投给他支持的政党，政党按得票多少获取总议席中作为政党竞争的议席。① 从平衡原则出发而形成的选举的多样性，是当今世界民主政治的一个突出特点。美国总统是由选民选出的人组成的选举团选出，意大利总统由参众两院联席会议和各大区议会的代表共同投票选出，德国总统由联邦议院议员和各州州议会的代表组成的联邦会议选出，法国的参议院是由国民议会议员代表、省议会议员代表和市议会代表组成的选举团选出。② 可见，代议制政体在遵循公平代表性原则前提下体现平衡原则，强调均衡参与理念，与民主原则并行亦是一种普遍现象。

澳门的选举制度作为地方性选举制度，从设计的一开始就是将平衡葡裔和华人政治参与作为一个重要因素来考虑的。回归前，葡萄牙在澳门长期实

---

① 胡盛仪、陈小京、田穗生：《中外选举制度比较》，商务印书馆，2000，第 113~115 页。
② 胡盛仪、陈小京、田穗生：《中外选举制度比较》，商务印书馆，2000，第 83 页。

行总督集权体制，而华人占澳门人口的95%，这是一个不可忽视的因素。其实，当时葡萄牙国会并未设置间接选举议席，之所以在澳门立法会设置间接选举议席，是因为以下两点：①当时选举法规定，只有葡籍居民拥有选举权与被选举权，而非葡籍的华人居民必须在澳门居住超过5年以上方可取得选民资格；②在当时的环境下，即使是取得葡籍的华人居民，其参选意识亦极为薄弱，热衷于选举的绝大多数是葡人或土生人士，葡籍华人甚少做选民登记。在那样的情境下，如果立法会全面实行直选，作为民意代表机关，其成员很可能是清一色的葡籍议员。当时华人社团领袖明确表示，不赞成澳门立法会议员全部由普选产生。正是在这种背景下，尽管葡萄牙国会未设置间接选举议席，但从澳门实际情况考虑，葡萄牙还是在澳门设立了间接选举议席，以便令华人社会代表可以循此途径进入立法会。① 不过，自1992年起，华人进入立法会的人数大大超过葡裔，间接选举制度成为属于少数族裔的土生人士进入立法会的重要途径。

从1976年开始的前两届立法会选举看，只有1名华人与1名葡裔联合组团在第一届立法会直接选举中当选，其他直选议员均为葡裔，而两届立法会6名间选议员中各有4名华人，他们分别是经济利益团体和慈善利益团体，并且均是在无竞争对手的情况下自动当选的。这两届立法会的结构是：葡裔议员占47.06%，华人议员占35.29%，总督委任的葡裔议员占17.65%。由于澳门社会有相当比例的土生葡人，一方面需要体现土生葡人在立法会中的利益，另一方面为了避免土生葡人在立法会中势力过大，澳葡政府希望借助华人的力量对土生葡人加以制衡，这也促成了以社团为基础的立法会间接选举制度的产生。事实上，在前两届立法会中，土生葡人占有较大的势力，并在许多方面与行政权力形成尖锐的分歧和对立。1980年立法会提出修改《澳门组织章程》的方案并由此引起争论时，当时的行政权力机构明确表示，"现行组织章程唯一需要考虑修改的，就是如何使立法会更具代表性"。② 现实的政治运作实践使澳葡当局感到坚持立法会间接选举制度的不可或缺性。

回归后，《澳门基本法》在确立澳门特别行政区政治体制时遵循均衡参

---

① 娄胜华：《立法会间接选举制度的政治效果及其改进思路》，《澳门研究》2012年第2期，第12～13页。

② 李炳时：《澳门总督与立法会》，澳门基金会，1994，第122页。

与、兼顾社会各阶层各界别利益的立法精神，对原立法会产生办法保持不变，包括保留了原有的间接选举制度。2012 年 2 月 19 日，全国人大常委会通过的《关于澳门特别行政区 2013 年立法会产生办法和 2014 年行政长官产生办法有关问题的决定》（以下简称《决定》），明确了有关澳门特别行政区立法会产生办法的任何修改都应该遵循有利于兼顾澳门社会各阶层各界别利益的原则。全国人大常委会副秘书长乔晓阳在澳门各界人士座谈会上谈及《决定》所遵循的原则时指出，"《决定》强调兼顾澳门社会各阶层各界别的利益，即遵循包容性原则"，这主要是因为，第一，澳门是中华人民共和国的一个特别行政区，实际上就是一个城市，一个城市的管理与一个国家的管理有着根本的区别，一个城市的管理更要强调市民的广泛参与，体现均衡参与原则。第二，与澳门的多元社会相适应。一个多元的社会需要包容的精神，需要保证社会各阶层、各界别在立法会中有其代表，有正式的途径和管道来表达他们的利益和诉求。第三，与澳门的政治文化特点相适应。澳门地方小，社群和谐相处，不宜搞对抗性选举政治，通过以直接选举、间接选举、委任三种方式产生议员组成立法会的设计，能够实现各方面的利益和诉求，实现社会和谐。① 可见，澳门特别行政区立法会间接选举制度是均衡参与和兼顾社会各阶层、各界别利益原则的具体体现，它对一些弱势阶层、小社团或特殊利益界别居民的政治参与是一个有力的保障。特别是一些专业界别的人士，他们可能由于专注于其专业领域，社会曝光度不高，如果单纯依靠"少数服从多数"的直接民主选举，其可能无法进入立法会，而立法会的运作又确实需要相关的专业知识和专业经验。

（二）尊重澳门社团文化

澳门社团众多，被称为"社团社会"。这种形态的形成源于澳门的特殊历史际遇。葡萄牙在占据澳门的长时间里，限于国力，一直未能建起强有力的政治权威，② 葡萄牙对澳门的弱控制以及澳葡政府对华人小区深入治理的力所不能，使华人社团在澳门治理中扮演了极为重要的角色。

---

① 乔晓阳：《全国人大常委会决定遵循的原则——在澳门各界人士座谈会上的讲话》，《澳门日报》2012 年 3 月 2 日。
② 参见吴志良《澳门政治发展史》，广东人民出版社，2010，第 276 页。

澳门最早的社团可追溯到 1569 年成立的仁慈堂。此后澳门组建社团之风日益兴盛。19 世纪末 20 世纪初，随着改良派先驱郑观应，戊戌变法领袖康有为、梁启超，以及资产阶级民主革命先驱孙中山等在澳门的活动，一些政治性社团相继诞生，如保皇会、澳门孔教会、同盟会澳门支部等。与此同时，随着时代的进步、工业革命的兴起，新兴行业社团也开始组建。后来被称为"澳门三大社团"的镜湖医院慈善会、同善堂和中华总商会亦分别于 1871 年、1892 年和 1913 年成立，三者在澳门社会享有极高的威望和地位，不仅承担了救灾、慈善等社会义务，有的历来还承担着代表华人社会与澳葡政府进行联系、交涉，协助处理社会矛盾纠纷等事务。抗日战争期间，澳门爱国同胞纷纷成立各类社团，投入抗日救亡的热潮之中，如澳门各界救亡会、澳门各界抗敌后援会、澳门妇女慰劳会等。新中国成立初期，一大批新的进步社团先后成立，包括澳门工会联合总会、澳门妇女联合会、澳门中华学生联合总会、澳门归侨总会等。20 世纪 70 年代前后，澳门又涌现出各行业、各阶层的新社团，如澳门厂商联合会、澳门出进口商会、澳门毛纺毛织厂商会、澳门建筑置业商会、澳门中华医协会、澳门美术协会、澳门街坊会联合总会等。同时，一些国际性社团如狮子会、扶轮社、国际青年商会等亦在澳门成立了地区性团体。澳门回归后，社团继续发展，特别行政区政府身份证明局的社团登记数据显示，截至 2004 年，已注册的民间社团达 2363 个，到 2014 年，公示的社团章程累计达到 5565 份，民间社团总数超过 5000 个。

以主要功能和主体特征为标准，可将这些社团划分为工商类、工会类、专业类、教育类、文化类、学术类、慈善类、小区类、乡族类、联谊类、体育类、政治类和其他 13 个类别；按照联系纽带不同，还可以对其做族缘、血缘、地缘、神缘、趣缘、业缘、学缘的分类。[①] 在传统习惯影响下，澳门大部分居民都参加一个或几个社团，特别是在各种选举中，社团活动成为澳门人生活的重要组成部分。社团平时是众多居民的联系载体、服务载体，选举时又成为他们政治参与的载体。由于澳门没有政党组织，政治性社团又十

---

① 参见娄胜华《转型时期澳门社团研究——多元社会中法团主义体制解析》，广东人民出版社，2004，第 138 页。

分弱小,截至 2008 年底,登记的政治性社团仅有 7 个[1],并且在历次选举中没有以政治性社团组团参选的,于是,许多非政治性社团承担起或已经具有了明显的政治功能。

《澳门基本法》对间接选举制度的设计,承袭了回归前的制度,既允许政治性社团组团参选,又允许由 300~500 人登记选民组成的提名委员会组团参选,这使澳门居民的政治参与的习惯受到尊重,得以保留,也使各阶层各界别的利益透过社团这一载体得到更充分的表达,使立法会议员具有更广泛的代表性。值得注意的是,澳门基本法在制定时间上晚于香港基本法,但是《澳门基本法》并未照搬香港基本法有关立法会全体议员"最终达至普选产生"的条文,而是规定"多数议员由选举产生",并在基本法附件二中对直接选举和间接选举的议席做出规定。这说明《澳门基本法》在制定时充分考虑了澳门的实际情况,由此也为间接选举的存在与延续预留了法律空间。

(三) 减小对抗性竞争

立法会直接选举的竞争是对抗性的,特别是澳门作为一个选区,多个组别在全澳门范围内竞争为数不多的议员席位,可想而知,其竞争程度是何等激烈。在西方,在国家层面的选举中,为了确定某一政党或利益集团掌握政治权力的正当性,对抗性竞争是不可避免的,对抗性竞争成为民主政治不得不付出的代价。而澳门,正如乔晓阳先生所讲,"是中华人民共和国的一个特别行政区,实际上就是一个城市,一个城市的管理与一个国家的管理有着根本的区别"。[2] 因此,在澳门立法会选举中,为实现让更多的利益团体代表进入立法会的目的,设计了既有让所有自然人选民通过对抗性竞争产生议员的直接选举,又有不完全实行对抗性竞争的间接选举,将一些议席分配给具体界别,由法人联合提出候选人并派出代表参加选举。间接选举既有竞争又有协商,由超过界别内 20% 的法人同意而形成候选人的过程有协商成分,而当形成两张以上的竞争名单时,竞争就出现了,但这种竞争较直接选举的

---

[1] 资料来源于澳门特别行政区政府身份证明局。

[2] 乔晓阳:《全国人大常委会决定遵循的原则——在澳门各界人士座谈会上的讲话》,《澳门日报》2012 年 3 月 2 日。

竞争温和得多。

通过协商提名和较为温和的选举竞争产生部分议员，更有利于不同阶层、不同利益界别的友好相处，有利于在推选出部分利益代表进入立法会的同时维护特别行政区社会的和谐稳定。

三　间接选举实践的情况

1999 年，根据《全国人民代表大会关于澳门特别行政区第一届政府、立法会和司法机关产生办法的决定》，澳门特别行政区第一届立法会选举产生的议员由澳门回归前最后一届立法会（即 1996 年产生的澳门第六届立法会）选举产生的议员有条件地过渡而来。2001～2013 年，澳门特别行政区先后进行了第二届到第五届立法会选举。从间接选举的情况看，其呈现以下两个特点。

（一）界别内参与度较高

从表 6 - 1 看，回归以来，一是参与选举登记并成为法人选民的社团逐步增多，二是法人选民的投票率较高。特别是在组别内形成一张候选名单的情况下，选举结果一般已经没有悬念，但参选人仍希望以选票来表达其政治意愿。

表 6 - 1　澳门回归后历届立法会间接选举的选民数与选民投票率

单位：人，%

界别		2001 年第二届	2005 年第三届	2013 年第五届
雇主利益 （工商、金融界）	法人选民数	54	91	103
	有权投票的选民数	423	1001	2266
	具有证明书的选民数	423	571	824
	投票选民数	292	477	704
	投票率	69. 03	83. 54	85. 44
劳工利益 （劳工界）	法人选民数	54	65	65
	有权投票的选民数	343	715	1430
	具有证明书的选民数	343	567	842
	投票选民数	277	426	775
	投票率	80. 76	75. 13	92. 04

续表

界别		2001 年	2005 年	2013 年
专业利益 （专业界）	法人选民数	44	59	55
	有权投票的选民数	305	649	1210
	具有证有明书的选民数	305	409	585
	投票选民数	212	288	482
	投票率	69.51	70.42	82.39
慈善、文化、教育 及体育利益 （社会服务、文化、 教育、体育界）	法人选民数	474	690	—
	有权投票的选民数	2344	7590	—
	具有证明书的选民数	2344	2818	—
	投票选民数	1443	1513	—
	投票率	61.56	53.69	—
社会服务 及教育界	法人选民数	—	—	162
	有权投票的选民数	—	—	3564
	具有证明书的选民数	—	—	1686
	投票选民数	—	—	1350
	投票率	—	—	80.07
文化及体育界	法人选民数	—	—	334
	有权投票的选民数	—	—	7348
	具有证明书的选民数	—	—	1749
	投票选民数	—	—	1210
	投票率	—	—	69.18

注：①界别名称，2008 年修订后的《澳门特别行政区选民登记法》将四个界别名称修改为与行政长官选举法的界别名称相一致，即括号内的名称；② 2012 年修订后的《澳门特别行政区选民登记法》将原社会服务、文化、教育、体育界拆分为"文化及体育界"和"社会服务及教育界"；③ 2009 年立法会选举实行界别内一张参选名单则不投票，由于各界别均为一张参选名单，因此没有相关统计。

资料来源：澳门特别行政区立法会选举网站。

（二）选举目标较为集中

澳门作为一个人情观念较重的传统社会，德高望重往往成为各界别推举候选人的一个重要标准。按照候选人提名必须超过界别内法人总数 25%（2012 年后改为 20%）的门槛，推举候选人的过程一般是一个协商的过程。但一些社团人士认为，这个协商过程本身也包含着竞争，是一个长期的竞争过程，比如，每一位被推出的候选人都应是该界别的出色代表，如果没有出色的成绩和贡献、不能表达界别的利益诉求、没有获得界别内多数社团的认可，是难以被推举成为候选人的，因此间接选举候选人都经过了多年的积累和界别内的竞争。

表 6 - 2　澳门回归后历届立法会中通过间接选举当选的立法会议员

届别	议员数(人)	当选人
1999 年第一届	8	关翠杏、曹其真、吴荣恪、林绮涛、刘焯华、崔世昌、欧安利、许世元(直接过渡而来)
2001 年第二届	10	曹其真、许世元、高开贤、郑志强、刘焯华、唐志坚、崔世昌、欧安利、陈泽武、冯志强
2005 年第三届	10	曹其真、高开贤、郑志强、贺定一、刘焯华、李从正、崔世昌、欧安利、张立群、陈泽武
2009 年第四届	10	贺一诚、高开贤、郑志强、冯志强、刘焯华、林香生、崔世昌、欧安利、张立群、陈泽武
2013 年第五届	12	贺一诚、高开贤、郑志强、崔世平、林香生、李静仪、崔世昌、欧安利、陈亦立、陈虹、张立群、陈泽武

资料来源：根据历届立法会选举期间的报道及澳门特别行政区政府立法会选举网站资料整理所得。

四　间接选举实践中存在的问题

间接选举在取得成绩的同时也暴露出了一些问题。近年来，对于间接选举中出现的问题，社会上的批评声音不少，同时也提出许多完善间接选举制度的建设性意见。间接选举中所暴露出的问题，有些是操作方面的，也有些是由制度规定引起的。

(一)　选举竞争性不足

竞争性是选举的基本属性之一，即使是间接选举，在其界别内也需要有必要的竞争。然而，从回归后立法会间接选举的实践看，各利益界别提出的候选人自动当选现象已越来越普遍。在澳门回归后的四次立法会选举中，四个界别全部都是等额提名，等额当选。这与各界别在提名阶段提出众多法人选民普遍认同的候选人有关。正如前面所述，在澳门特殊的文化背景下，人们习惯于选择德高望重的代表性人士来作为自己的代言人。如果从制度层面分析，它与相关的制度设计也是有关系的。回归前的选举法规定，利益界别内的间接选举候选人需要 5 个以上界别内法人选民（社团）联合提名方可成为候选人。按照该规定，在当时，因为各界别内社团法人数量有限，且传统社团占明显优势，所以在实际操作过程中已经出现一定程度的提名"垄断"现象。回归后，鉴于社团的大量增加，具有选民资格的法人社团数目骤增，于是要求对提名委员会采用比例制，由各利益界别内部 25% 以上的法人选民联合组成提名委员会。2008 年修订后的《澳门特别行政区选民登记法》将这一门槛降到界别内法人总数的 20%，即需要 1/5 以上法人选民提名，但并没有设定提名上限。在协商提名中，一些有实力的社团往往推出极具影响力的人士，这令提名票十分集中，在客观上剥夺了其他法人获得提名的机会，使其他有意愿参选特别是资历较浅的青年人很难获得提名机会。

间接选举缺乏必要的竞争性，由此带来两方面的负效应。一是选举形成高连任格局，间选议员的平均年龄逐届提高，政治人才的新陈代谢受到影响。

由表 6-3 中可以看出，在回归后的历届立法会间选议席中，原议员连任比例和再当选比例非常高，届均连任比例高达 75%。回归后，间选议员连任比例较回归前一度略有回落，但随后再度上升，截至 2009 年第四届立法会时达到 80%。高连任比例自然造成立法会中间选议员的平均年龄逐届提高，2001 年和 2005 年时已经超过 53 岁，2009 年时已超过 58 岁。在历届间选议员中，40 岁以下的年轻议员非常少。2013 年，间选议席由 10 席增加到 12 席，但其中连任议席仍占到 66.7%。

表 6-3　澳门回归后历届立法会中间选议员连任情况

单位：人，%

届别	间选议员数		所占比例	
	连任人数	非连任人数	连任议员比例	非连任议员比例
2001 年第二届	7	3	70.0	30.0
2005 年第三届	7	3	70.0	30.0
2009 年第四届	8	2	80.0	20.0
2013 年第五届	8	4	66.7	33.3

资料来源：澳门特别行政区政府立法会选举网站。

二是法人选民更多关注的是提名权，这令法人选民一度出现非常态增长。尽管间接选举在计票规则上与直接选举并无二致，均采用改良汉狄计算法计票，但是事实上，选举的竞争发生在选举前的协商提名阶段，而不是在选举与计票阶段，因此协商提名这一环节抵消了间选计票制度的实质功能。于是，不少人关注法人选民的数量，尽力来扩大所能拥有的法人选民资源。

表 6 – 4　1991/1992 ~ 2016 年澳门立法会间接选举中各界别法人选民统计

单位：人

| 年份 | 雇主 | 劳工 | 专业 | 慈善、文化、教育及体育 | | | | | 合计 |
				慈善（社会服务）	文化	教育	体育	小计	
1991/1992	17	48	15	57	13	10	48	128	208
1993	17	48	15	58	14	10	48	130	210
1994	18	48	16	58	15	10	48	131	213
1995	19	48	17	58	15	10	48	131	215
1996	26	48	20	58	18	10	53	139	233
1997	28	50	22	68	18	11	55	152	252
1998	28	50	26	68	19	11	55	153	257
1999	30	50	28	79	21	12	56	168	276
2001	53	54	44	148	85	21	220	474	625
2002	54	54	45	155	92	22	223	492	645
2003	54	54	45	158	92	22	223	495	648
2004	69	57	53	164	100	25	235	524	703
2005	91	65	59	184	177	30	299	690	905
2006	91	67	59	184	177	30	300	691	908
2007	91	67	60	184	178	31	303	696	914
2008	92	67	60	184	183	31	306	704	923
2009	108	68	63	187	200	31	316	734	973
2010	108	68	63	187	200	31	316	734	973
2011	108	68	63	187	200	31	316	734	973
2012	103	66	53	187	152	25	116	480	702
2013	103	65	55	135	161	27	173	496	719
2014	99	66	54	132	137	24	313	606	825
2015	101	70	54	130	142	24	313	609	834
2016	101	71	53	132	138	25	320	615	840

资料来源：澳门特别行政区选民登记统计资料。

如表 6 - 4 所示，从变动情况看，1991/1992～2009 年，四个界别的法人选民共增加了 765 人。其中，慈善（社会服务）、文化、教育、体育界法人选民增加最多（606 人），占法人选民增加总数的 79.2%，在慈善（社会服务）、文化、教育、体育界中，体育界法人选民增长最多（268 人），其次是文化界（187 人），占 24.4%。这里不排除各社会群体政治参与积极性提高的因素，但这种短时间内法人选民的快速增加，确可寻找到制度方面的诱因。2001 年特别行政区重订选举法，规定间接选举候选人提名门槛为选举界别内已做选民登记的成员数目的 25%，但没有设定上限，同时规定社团须获得法人资格 3 年以上才可以登记成为法人选民。由此，各界别参选人为得到足够的社团支持以便获得提名权，又或是为下一届选举提名做准备，从而成立大量的新社团。一些在原界别内获得提名权的，也谋求通过在其他界别建立和争取社团以争取获得提名权。另外，间接选举制度规定以法人选民（社团）为单位分配选票（每个社团法人选民原拥有不超过 11 张选票的投票权，2013 年后改为不超过 22 张选票的投票权），而没有社团成员多少之分，这也加剧了一些界别内社团"只增不减"和"自我分拆"的效应。这些问题的出现，无疑影响到了间接选举的公平竞争原则。

（二）界别划分标准陈旧

现有间接选举的界别划分始自 1992 年。而自 1992 年以来，澳门社会结构发生了很大变化，特别是回归后在澳门经济快速发展的过程中，社会结构变化加快，而利益界别划分并没有随着时代发展进行相应调整，一些新的社会利益界别及职业群体的代表性在这一划分中没有明确地表现出来。目前间接选举中分配给工商、金融，劳工，专业、社会服务及教育，文化及体育五个利益界别的议席数分别为 4 个、2 个、3 个、1 个、2 个。对此，有的人认为，分配给雇主利益界别的议席过多，其他利益界别则不足；有的人认为，2013 年增加间选议席后，虽然为教育和社会服务单设 1 个席位，但是文化及体育界有 2 个席位，是社会服务及教育界的 2 倍，也没有充分的道理；有的人认为，博彩旅游业是澳门的龙头产业，其中博彩业税收收入长期占政府财政税收的 80% 以上，对这一界别应当加以强调；也有人认为，澳门特别行政区立法会间接选举的界别划分是实行大界别制，大界别制令由间接选举产生的议员很难精确代表不同的社会阶层及职业群体。① 一些文章还指出，目前法人选民界别的划分缺乏确定性。如工会显然代表劳工，但公务员组织是否也属于劳工？ 再如，既然是法人团体分属不同界别，构成法人成员的自然人是否也需要和界别有特定的联系？ 如被公认为业内人士而非仅关注或属个别活动的临时参与者，等等，这都需要法律去规定。② 也有学者指出，相对于雇主、劳工界的超强利益聚合性，专业界，社会服务、文化、教育、体育界的利益聚合性较弱，在非身份限制条件下，专业界与社会服务、文化、教育、体育界的议席很容易被来自强势利益界别身份的人士占有。实际上，在从专业界，社会服务、文化、教育、体育界间接选举产生的议员中，并不少见实际身份为商人者。这些代表专业界或社会服务、文化、教育、体育界的商人议员原本应该竞逐雇主利益界别的提名，却因无法获得雇主界别的提名转而通过操纵设立专业或文化、体育等社团来获取专业界或社会服务、文化、教育、体育体界的提名，以达到进入立法会的目的。以商人身份作为专业界或社会服务、文化、教育、体育界的间接选举议员，往往导致利益界别代表性的丧失，同时还挤压了相关利益界别内参政新人当选的机会。③ 虽然特别行政区在 2008 年修改选举法时对此有所考虑，做出了一些新的规定，但实际效果还不够明显。

（三）议员整体结构不够理想

如表 6 - 5 所示，综合分析立法会间接选举的结果可以看出，在基本法制定的过程中，立法会直接选举中工商金融界名额所占比重较高，在 10 席中占有 4 席，是可以理解的，这与澳门保持原有的资本主义制度不变，工商金融界在资本主义制度下对澳门发展稳定的重要作用和所需要承担的责任有密切关系。然而在实际选举中，工商界人士和既有工商界背景又兼有其他界别职务的人士在间选议员中占到了 60%。这除了界别名额分配不均衡外，也与专业界、文化体育界的选举议员名额被有工商背景的人士担任有关系。

---

① 许昌：《论澳门特区立法会间选制度设计及其完善方向》，《港澳研究》2014 年春季号，第 11 页。

② 许昌：《论澳门特区立法会间选制度设计及其完善方向》，《港澳研究》2014 年春季号，第 11 页。

③ 娄胜华：《立法会间接选举制度的政治效果及其改进思路》，《澳门研究》2012 年第 2 期，第 15 页。

直选议员中，商人、雇员与专业人士的比例在不同届别的立法会中有较大起伏，难以均衡。尤其是有些届别中，具有商人背景的人士的比例较大，直选议员结构的不均衡状况本该由间接选举加以弥补，但事实上，加上间接选举的结果，这种不均衡还有所加重。

表 6-5　澳门立法会中直选议员、间选议员身份统计（1996~2009 年）

年份	议员数（人）								比例（%）							
	商人		雇员		专业人士		其他		商人		雇员		专业人士		其他	
	直接选举	间接选举	直接选举	间接选举	直接选举	间接选举	直接选举	间接选举	直接选举	间接选举	直接选举	间接选举	直接选举	间接选举	直接选举	间接选举
1996	5	4	1	2	2	1	0	1	63	50	13	25	25	12	0	13
1999	4	4	1	2	3	1	0	1	50	50	13	25	37	12	0	13
2001	2	6	3	2	4	2	1	0	20	60	30	20	40	20	10	0
2005	5	6	3	2	3	2	1	0	42	60	25	20	25	20	8	0
2009	5	6	3	2	3	2	1	0	42	60	25	20	25	20	8	0

资料来源：娄胜华《立法会间接选举制度的政治效果及其改进思路》，《澳门研究》2012 年第 2 期，第 15 页。

可见，间接选举制度的设计意图是希望通过间选议员令不同利益界别及相关职业群体的代表进入立法会，以达到均衡参与的政治效果。而从实践效果看，目前这一设计意图尚没有完满体现。

第七章　澳门的委任议员制度及其实践

澳门的委任议员制度，是行政长官依照基本法的规定委任部分立法会议员的制度。行政长官有权委任部分议员，是澳门特别行政区立法会产生办法的重要特点。

一　委任议员制度

（一）委任议员制度的责任主体

《澳门基本法》第 68 条规定："澳门特别行政区立法会议员由澳门特别行政区永久性居民担任。立法会多数议员由选举产生。"这一条与《中葡联合声明》中"澳门立法机关由当地人组成，多数成员通过选举产生"的表述是一致的。回归前的立法会由选举产生的议员（包括直选议员和间选议员）和总督委任的议员组成，回归后仍保留了这一制度。《澳门基本法》第 50 条关于行政长官行使的职权的第 7 项规定，行政长官"委任部分立法会议员"。这一条在明确了立法会有部分议员由非选举方式产生的同时，亦明确了非选举产生的议员并不是随意产生的，而是必须由行政长官委任。

基本法对行政长官委任议员的规定只有一句话，即"委任部分立法会议员"。这是一项授权性规定，按照这一规定，行政长官对委任部分议员的工作负全责。

（二）委任议员的数目

1976 年葡萄牙颁布的《澳门组织章程》规定立法会由三部分组成，其中总督委任的议员 5 名，直选议员和间选议员各 6 名，共 17 名。1990 年修改《澳门组织章程》后，总督委任的议员、直选议员和间选议员各增加 2 名，共 23 名。立法会的这三种组成结构及其比例一直延续到澳门特别行政区第一届立法会。《澳门基本法》附件二规定，第二届立法会直选议员和间选议员各增加 2 名，第三届立法会直选议员增加 2 名，但没有规定增加委任议员的数目，也没有规定减少委任议员的数目。

2012 年，在处理澳门政制发展问题的过程中，全国人大常委会《关于澳门特别行政区 2013 年立法会和 2014 年行政长官产生办法有关问题的决定》（以下简称《决定》）规定，2013 年第五届立法会由 33 名议员组成，其中直选议员由 12 名增加到 14 名，间选议员由 10 名增加至 12 名，总督委任的议员继续保持 7 名。按照《决定》精神，今后在澳门特别行政区立法会产生办法没有新的修改前，立法会将按照这一结构来组成。

（三）委任议员的任职资格与责任

《澳门基本法》第 68 条规定："澳门特别行政区立法会议员由澳门特别行政区永久性居民担任。"这就是说，只有澳门特别行政区永久性居民才有资格获得委任。《澳门基本法》第 101 条规定，澳门特别行政区立法会议员同行政长官、主要官员、行政会委员、法官和检察官一样，"必须拥护中华人民共和国澳门特别行政区基本法，尽忠职守，廉洁奉公，效忠中华人民共和国澳门特别行政区，并依法宣誓"。《澳门基本法》第 81 条规定，立法会议员如果"违反立法会议员誓言"，经立法会决定，即丧失其立法会议员的资格。《澳门基本法》第 68 条还规定："立法会议员就任时应依法申报经济状况。"这些政治性要求、纪律性要求，对所有的议员都是一致的。

委任议员同选举产生的议员在立法会的法律地位是否一致呢？《澳门特别行政区立法会立法届及议员章程》第 7 条规定："澳门立法会全体议员，均代表澳门特别行政区及其市民的利益。"这说明，出于扩大立法会代表性的需要，澳门特别行政区立法会通过直接选举、间接选举和委任三种方式产生议员，但是无论是由哪一种方式产生的议员，从法律地位上讲，均是澳门特别行政区立法会的议员，其地位是一样的。他们所代表的并不是某一利益界别或某些团体、某些机构的利益，而是澳门特别行政区及其市民的利益，即澳门的整体利益。作为议员，从维护特别行政区的繁荣稳定、促进特别行政区发展的角度出发，应当倾听社会各方面的意见，表达他所熟悉的领域包括被推举方面的意见和呼声是必然的，但澳门特别行政区立法会议员是澳门全体居民的代表，应当以全体居民代表的身份参与立法会的工作，而不是仅仅代表某些特定选民或选举组别的利益和意志。议员在立法会不受任何强制委托的命令拘束，而应当为澳门特别行政区全体居民独立工作。澳门特别行政区任何选民或选举组别也无权向议员发出强制委托的命令。

依据《澳门基本法》第50条第8、9、10、11项有关行政长官的人事决定权方面的规定，行政长官依照法定程序任免行政会委员、法官、检察官、法院院长等公职人员。所谓"任免"，既包括任命，也包括免除。然而，《澳门基本法》第50条第7项规定，由行政长官"委任部分立法会议员"，这里只有"委任"而没有"免除"的规定。也就是说，行政长官有权委任议员，但是没有免除议员职务的权力。议员一旦被行政长官委任，就享有相对的独立性，不必担心被行政长官和特别行政区政府免去职务或召回，而可以根据自己的信念和良心在立法会独立开展工作，这也是委任议员可与经由其他方式产生的议员同样来履行议员职务的制度性保障。

二　委任议员制度的价值取向

《澳门基本法》规定澳门立法会的议员由行政长官委任产生，这是充分考虑了澳门的历史和现实情况，兼顾澳门社会各阶层、各界别的利益，以利于澳门社会的广泛政治参与、维护澳门社会长期繁荣稳定的一项重要制度安排。

（一）弥补选举的不足

回归前，在从1553年葡萄牙人首次登陆澳门到1976年葡萄牙代行宪法权力的革命委员会通过《澳门组织章程》的数百年间，澳门并没有建立现代意义上的选举制度。早在1583年居澳葡人就首次通过选举产生了由6人组成的议事会，但那只限于葡人，只是解决居澳葡人内部管理的一种政治安排，与华人完全无关。在从 1820 年葡萄牙完成君主立宪至 1974 年"四二五"革命成功这一时期，尤其是在 19 世纪末，葡萄牙主张海外省实行政治、立法和行政自治的殖民思想逐渐形成，但在实践中强调中央集权的传统仍然具有很大的影响力；对澳门的管治模式亦始终在建立地方自治和维护中央集权的博弈中调整，相关的宪法规定和法律法令名目繁多、内容庞杂，但总体方向仍然是逐步加强地方自治并涉及选举制度的建立和演变。① 1974 年葡萄牙"四二五"革命后，李安道作为革命后的第一位总督来到澳门。在起草《澳门组织章程》的过程中，他认为立法会议员全部由直接选举产生更合乎民主原则，但此议遭到华人代表的反对。华人代表认为，在当时只有葡人享有选举权的情况下，华人居民从无参选经验，只有保留间选议席和委任议席，华人才可能进入立法会。事实上，在 1976 年和 1980 年的两届立法会中，华人议员绝大多数由间接选举和委任产生。在此期间，葡萄牙主流政治力量与澳门土生葡人之间的政治斗争十分激烈，并集中体现为由总统委任的总督与以土生葡人为主的立法会之间的角力。1980 年，葡裔议员提出修改《澳门组织章程》的草案，拟取消委任议席，并大幅度减少间选议席。草案提出，将立法会议席设为 24 个，其中 16 个由直接选举产生，8 个由间接选举产生，不再设委任议席，而占全部议席 66.7% 的 16 名由直接选举产生的议员，则只限于有被选举资格的葡籍选民。时任澳门总督伊芝迪批评这个草案说，草案要实现的议会式政治制度有损澳门与葡萄牙的联系，而这种联系是必须加以维护的。② 这个草案当时未获得通过，而且在 1990 年修改《澳门组织章程》时，继续保持立法会议员由直接选举、间接选举、委任三种产生形式，并且在议席由 17 个增加到 23 个时，直选议席、间选议席和委任议席各增加 2 个。这说明，在当时立法会议员仅由直接选举和间接选举来产生是难以保持立法会各界的平衡的，需要有委任作为必要的补充。

在当今民主政治成为世界性潮流的背景下，许多国家和地区从自身实际情况出发，仍将委任议员作为议会组成的重要方式之一。正如前面第三章所述，这里有两种情况：①一院制议会所有议员，或者两院制议会中其中一院

---

① 赵向阳：《澳门选举制度》，社会科学文献出版社、澳门基金会，2013，第 22 页。
② 李炳时：《澳门总督与立法会》，澳门基金会，1994，第 87 页。

的所有议员都由元首任命产生，这种国家往往是君主制国家；① ②无论是两院制还是一院制，议会中都只有少数议员由元首任命产生。属于第一种情况的国家有英国、约旦、文莱等。如约旦议会称为国民议会，由参议院和众议院组成：众议院议员全部由普选产生，参议院议员人数连同议长在内不得超过众议院人数的一半；参议院议员全部由国王任命，条件是这些人士必须为现任或曾任首相与部长、大使或全权公使、众议院议长、最高法院法官和推事、公民法院或夏利亚上诉法院的院长和推事、退役将军和将军以上的武职人员、曾当选两任以上的众议院议员以及其他有功于国家民族而众望所归的人员，而且年龄必须在 40 岁以上。属于第二种情况的国家既包括君主制国家，如莱索托，也包括共和制国家，如印度、新加坡、尼泊尔等。比如，印度联邦院中有 12 名议员由总统指定，加拿大议会中的参议员由总督任命，马尔代夫国民议会中有 8 名议员由总统指定。② 《哈萨克斯坦共和国宪法》规定议会由上下两院构成，其中总统有权委任 7 名上院议员。③ 这些做法反映了民主政治在具体形式上的多样性。

面对回归后在中央人民政府授权下的高度自治的现实，在基本法制定过程中，澳门保留了立法会原有的产生办法。这里充分注意到了澳门作为一个地方行政区域，以直接选举、间接选举和委任形式产生立法会议员的合理性和必要性。澳门地域较小，人口不多，由此也决定了立法会规模不宜过大。1976 年的《澳门组织章程》规定，澳门立法会由 17 名议员组成，到1988 年第四届立法会选举时增加到 23 名，这一结构一直持续到回归后的2001 年。从回归后特别行政区区第二届立法会选举开始，立法会议员总数分别逐步增加到 27 名、29 名、33 名。如果将议员总数与澳门居民总数相比较，这个比例是比较高的了，因此未来立法会议员的人数也不会有过多的增长。对于这样一个议员为数不多的立法会来说，如果完全通过选举来产生议员，则难免会出现在族群结构、界别结构、知识专业结构、性别结构等方面的不平衡，因此采取由行政长官委任部分议员的做法，可保证立法会结构的平衡，有利于立法会的良好运作。

---

① 王禹：《行政长官委任部分议员的条件探讨》，杨允中：《基本法与 2013 年澳门立法会选举》，澳门学者同盟，2013。

② 王叔文等：《澳门特别行政区基本法导论》，中国人民公安大学出版社，1993，第 268 页。

③ 《哈萨克斯坦共和国宪法》（1995 年）第 50 条。

（二）吸纳和培养人才

1976 年的《澳门组织章程》规定，委任议员要"在当地享有相当声誉"的人士中选择，1990 年修订后的《澳门组织章程则》则将之修改为"在当地社会上具有功绩及声誉"的人士中选择。所谓"声誉"，一般是指声望名誉，而"功绩"则是指功劳和业绩；声誉可以理解为对委任议员人选的道德要求，功绩则是其对社会的贡献。可见，在当时的情况下，虽然委任作为选举的补充形式而存在，但在人选的要求上是有标准的。《澳门基本法》对委任议员没有单独规定标准，但行政长官通过委任来挑选特别行政区的优秀人才的方向是明确的，议员作为特别行政区权力架构的重要组成部分，其是有身份资格要求的，即必须是澳门特别行政区的永久性居民，同时还有"必须拥护中华人民共和国澳门特别行政区基本法，尽忠职守、廉洁奉公，效忠中华人民共和国澳门特别行政区"的政治要求，以及立法会议员为承担职责所需要的能力要求，这些都是委任议员所必须考虑的标准。

《澳门基本法》规定，澳门将保持原有的社会制度 50 年不变，而"一国两制"作为一项长期的事业，其推行必须有源源不断的人才作为支撑，因此每一届特别行政区政府、每一任行政长官都有培养人才的责任。从选举的实践看，一些界别中的优秀人才不可能完全通过选举而选拔出来，特别是一些专业人才，有的缺乏选举的经验，有的缺少选举的基础，而对于一些青年人才，更需要为他们搭建历练和成长的平台。回归后立法会保留委任制度，从长远来讲，也有这样的战略意义。应当看到，《澳门基本法》第 50 条有关行政长官"委任部分议员"的规定没有任何附加条件，为行政长官委任部分议员预留了很大的弹性空间。从实践层面看，行政长官利用这一空间，可以从族群结构、界别结构、知识专业结构、性别结构、年龄结构等多方面切入来选择人才，以利于立法会形成良好的结构，以利于特别行政区的长远发展。

（三）促进特别行政区政治体制的良好运作

澳门特别行政区的政治体制是一种以行政为主导、行政与立法互相配合又互相制约、司法独立的地方政治体制。这种政治体制是以行政长官为核心来运作的。2012 年 2 月 29 日第十一届全国人大常委会第二十五次会议通过的《关于澳门特别行政区 2013 年立法会产生办法和 2014 年行政长官产生办法有关问题的决定》强调，澳门政制发展要有利于保持澳门特别行政区基本政治制度的稳定，有利于行政主导政治体制的有效运作，有利于兼顾澳门社会各阶层各界别的利益，有利于保持澳门的长期繁荣稳定和发展等原则。这是对修改特别行政区行政长官产生办法和立法会产生办法的基本要求，也是对特别行政区政治体制特点的集中阐示。澳门作为一个地方性行政区域，议员人数不多，而长期形成的不同种族、不同族群、不同宗教、不同阶层共处一体，在政治参与方面需要兼顾的因素很多，保留原有的对部分议员的委任制度，无疑有利于各阶层、各族群的和谐相处，有利于基本法规定的政治体制的良好运作。

行政长官是特别行政区的权力核心，是特别行政区的首长，代表特别行政区，对中央人民政府和澳门特别行政区负责。依照《澳门基本法》的规定，行政长官负责执行基本法和依照基本法适用于澳门特别行政区的其他法律，负责签署立法会通过的法案，公布法律，负责领导特别行政区政府，负责提名并报请中央人民政府任命特别行政区的主要官员，依照法定程序任免各级法院院长和法官，任免检察官等。行政长官承担委任部分议员的职责，因此行政长官依照基本法的规定，根据特别行政区管治的要求，根据特别行政区长远发展的需要，将最合适的人才委任到立法会议员的职位上，发挥其作用。行政长官负责领导特别行政区政府，但他所代表的并不仅仅是特别行政区政府，因此行政长官可从特别行政区整体利益和特别行政区长远发展角度来选择人才，以利于特别行政区的管治。行政长官委任的议员，并不是政府在立法会的代表，正如前面所述，无论是经由哪种方式产生的议员，"均代表澳门特别行政区及其市民的利益"，这也是对委任议员的一项要求。从实践上看，委任议员总体上有较高的政治素质和较强的议政能力，虽然在一些问题上对政府政策会有明确的支持态度，但并不是唯政府是从，而是能够站在全社会整体利益的角度，充分发挥自身的专业优势、特殊利益代表优势，与由其他界别推选出的议员共同履行立法会的工作职责。

三　委任议员的工作情况

自澳门特别行政区成立以来，两任行政长官先后委任了五届立法会委任议员（见表7-1），其中第一届是在对原选举产生的议员经过确认和补选后委任的，其他四届议员均是在立法会选举之后委任的。

表 7 - 1　澳门回归后历届行政长官委任立法会议员一览

届别	委任时间	获委任议员
1999 年第一届	1999 年 9 月 24 日	梁官汉、贺定一、区宗杰、许辉年、黄显辉、张伟基、戴明扬
2001 年第二届	2001 年 10 月 10 日	贺定一、区宗杰、许辉年、黄显辉、张伟基、戴明扬、徐伟坤
2005 年第三届	2005 年 10 月 9 日	李沛霖、沈振耀、徐伟坤、崔世平、许辉年、杨道匡、刘本立
2009 年第四届	2009 年 10 月 5 日	何少金、徐伟坤、唐晓晴、崔世平、黄显辉、刘永诚、萧志伟
2013 年第五届	2013 年 10 月 7 日	徐伟坤、唐晓晴、马志成、黄显辉、冯志强、刘永诚、萧志伟

资料来源：澳门特别行政区立法会选举网站。

（一）注重委任议员的社会影响力

1999 年 9 月 24 日，候任行政长官何厚铧依照《澳门基本法》的规定，委任了 7 名澳门特别行政区第一届立法会议员。其中戴明扬为上一届的委任议员，梁官汉、贺定一、区宗杰、许辉年、黄显辉、张伟基 6 名委任议员均为新委任进入立法会的。这七名委任议员的特点是：均在澳门长期生活工作，熟悉澳门社会，并在各领域担任一定职务，在澳门社会较有影响力。

此后各届委任议员均有这一特点。这无疑延续了回归前总督委任议员所强调的要选择在当地社会上有功绩及声誉人士的习惯，符合澳门的传统，以令多数市民感到这些议员虽然未经过选举产生，但的确是澳门社会的精英。

（二）注重委任议员的专业性

从弥补立法会选举不足的角度出发，选择各方面的专业人士是历届行政长官委任议员的一个突出特点。在历届委任议员中，法律界人士最多，第一届立法会的委任议员中，许辉年、黄显辉、戴明扬三位为执业律师，以后各届立法会的委任议员均有两名以上法律界人士。其中，第三届立法会的委任议员沈振耀以及第四届和第五届立法会的委任议员唐晓晴也均是法律界人士。这些议员在被委任前都有很深的专业造诣，并在各自的工作岗位上有很好的专业成绩。委任议员时也注意吸纳其他专业人士，杨道匡、刘本立、萧志伟、崔世平均为学术研究机构的代表性人士和熟悉经济工作的代表性人士。这些人士被委任无疑与他们较为熟悉澳门经济事务，并组织和参与相关研究工作有关。

（三）与直接选举、间接选举有机配合

从回归后行政长官委任的五届立法会议员看（见表 7 - 2），第一届由于仅任职一年多时间，到第二届时仅调整了 1 人，而第三届相比第二届则调整了 5 人。2005 年第三届立法会委任议员的安排，看来是与当时澳门特别行政区经济新的起步阶段和当届立法会选举产生的议员的结构有关，这一届委任议员具有较为突出的经济背景和专业背景。第四届较第三届亦调整了 5 人，但从专业和界别角度来看变化不大，教育界何少金替换李沛霖，法律界唐晓晴、黄显辉分别替换许辉年、沈振耀，其他界别是刘永诚、萧志伟分别替换了杨道匡、刘本立。从后来的人事安排看，刘本立被任命为新成立的特别行政区政府政策研究室主任，杨道匡被安排在澳门基金会研究所任副所长，是行政长官根据其各自的能力所长做出的调整。第五届立法会中，委任议员 7 人中调整 2 人，一是何少金不再担任委任议员，这可能与间选议员中增加了 1 名教育和社会服务界的议员有关；二是崔世平不再作为委任议员，因本届立法会选举中崔世平参加间接选举并当选。所空出的两个议员名额由马志成和冯志强递补。马志成获任无疑体现了在委任议员中增加青年人的精神，而冯志强的获任看来是与其多方面的社会影响力及其在立法会的多年工作经验有关。

表 7 - 2　澳门回归后历届立法会委任议员连任情况

届别	委任议员数（人）		所占比例（%）	
	连任人数	非连任人数	连任议员比例	非连任议员比例
2001 年第二届	6	1	85.7	14.3
2005 年第三届	2	5	28.6	71.4
2009 年第四届	2	5	28.6	71.4
2013 年第五届	5	2	71.4	28.6

资料来源：根据澳门特别行政区立法会选举网站资料整理所得。

四　需要进一步探讨的问题

澳门回归后立法会产生办法中保留部分议员由委任产生的制度，从实践

上看，总体上是符合澳门实际的，有利于在立法会结构上兼顾社会各阶层各界别的利益，有利于行政主导政治体制的有效运作，但是作为一项选人制度来讲，也有一些值得进一步探讨和完善之处。

（一）关于委任议员的标准问题

有些国家的宪法对委任议员的条件和标准做出了明确规定，如新加坡宪法规定，委任议员的被提名者"应曾为公共服务作出过突出贡献，或曾为新加坡赢得荣誉，或在艺术、文学、文化、科学、商业、工业、专业、社会或小区服务以及工会运动中取得杰出成就"。[①] 回归前总督委任议员有明确的标准，即"在当地社会上具有功绩及声誉的人士中选择"，这里强调了道德标准和社会贡献标准两个方面。回归后，基本法没有对行政长官委任议员的标准做出具体规定，这主要是考虑为行政长官委任工作留有更灵活的空间，更利于行政长官委任议员工作体现出对选举结构的补充性、对特别行政区培养政治人才的统筹性和促进行政主导政治体制动作的保障性，但是这里并没有否定委任议员的标准问题。从基本法和澳门本地法律对议员的政治要求、能力要求来看，委任议员的标准也是清楚的。从回归后行政长官委任部分议员的实践看，获委任的议员基本上都是在澳门社会较有影响、在一些界别较有代表性，并且具有敬业精神、议政能力的人。但是这一标准尚没有明确的表述和规范性的规定，不仅不利于行政长官规范地行使委任权，而且容易让社会对获委任议员的条件引起猜疑，影响获委任议员的社会认受性。当然，从对立法会选举结构进行补充的角度看，有时可能需要从界别角度来考虑，有时需要从族群角度来考虑，有时也需要从年龄或性别角度来考虑，有关标准定得过死又会影响到委任的功效，因此这是一个要从实际出发、认真加以研究的问题。

（二）关于辅助工作问题

按照《澳门基本法》的规定，行政长官全权履行委任部分议员的职权，没有对程序方面的规定，事实上任何人事安排都是事前需要有周密准备的。透过历届行政长官委任议员的情况可以看到，对于每一届委任议员的人选，行政长官都有周密的思考，既有对直接选举、间接选举结果的考虑，形成一

---

① 《新加坡共和国宪法》附件四第 3 条。

个兼顾族群、界别、专业、特别行政区所面临工作需要的统一合理的布局，也有着眼于未来，对培养政治人才特别是青年政治人才有所考虑。从回归后历届委任议员的工作看，行政长官的工作比较从容，均在选举结束后的法定时间内宣布委任议员名单，以保证新一届立法会的工作按时启动。但是通过分析回归后的历次立法会选举可以发现两点：一是直接选举的板块格局比较明显，从候选人名单中可以对一些当选人做出些猜测；二是历次间接选举基本上都是一张候选人名单，候选人名单确认后实际上就已知道选举结果，这样就令行政长官有较为充分的时间酝酿委任议员名单。然而，从未来的发展方向看，立法会的选举竞争性特别是间接选举的竞争性会有所增加，影响选举的变量会增多，这样酝酿委任议员人选的工作会更为紧张，甚至事前需要有几套方案。第 3/2001 号法律《澳门特别行政区立法会选举制度》第 2 条"由行政长官委任的议员"规定："在收到《澳门特别行政区立法会选举法》第 133 条第 2 款所指的总核算记录后十五日期内，行政长官以行政命令委任《澳门特别行政区基本法》附件二第一款所指的委任议员。"要保证行政长官对委任议员人选的准备工作充分细致，显然应当加强事前的辅助工作。如何加强委任议员人选的酝酿工作？是否在酝酿阶段加入吸收社会各方面意见的程序，并且做到既吸收社会意见又不影响行政长官决策权力的行使？这就要求对这项需要有实时应变的工作事前做好保密工作等，深入研究，并采取必要的保障性措施。

外国有些宪法对委任议员的程序和范围做了明确规定。如新加坡宪法规定，成立国会特别甄选委员会，总统在委任官委议员时，得从国会特别甄选委员会提名的名单中任命官委议员；国会特别甄选委员会由议长和 7 名由国会甄选委员会任命的成员组成，由议长担任主席；特别甄选委员会在向总统提出官委议员提名名单前，应考虑公众推荐的人选；公众推荐人选，必须有提案人 1 人、附议人 1 人以及其他至少 4 人签名推荐，这些人士都应为登记在案的选民；在提名任何人担任官委议员前，特别甄选委员会应尽可能以适当方式咨询国会其他议员的意见。[①] 又如，安提瓜和巴布达在 1981 年宣布独立后，其设立的参议院由 17 名成员组成，其中 10 名由总督按照总理的提名任命，4 名由总督按照反对党领导人的提名任命，1 名由总督基于自身判

---

① 《新加坡共和国宪法》附件四《官委国会议员的任命》。

断任命，1 名由总督按照巴布达委员会的提名任命，1 名身为巴布达居民的参议员应当由总督按照首相的提名任命。① 这些制度和做法及其基本精神，有一定的参考价值。

（三）关于委任议员的代表性问题

澳门特别行政区实行的是行政主导的政治体制，立法机关与行政机关相互制约又相互配合且重在配合是这一体制的特点，行政长官委任部分议员，无疑对这一制度起到重要的保障作用。因此，委任议员由行政长官挑选并接受其委任，他们在符合其他各项条件要求的同时，一般都会是比较理解和认同行政长官施政理念的，在行为上较自觉地配合行政长官和特别行政区政府的施政安排。但是就立法会议员的职责要求来看，其各项行为必须从澳门的整体利益出发，代表澳门特别行政区及其市民的利益。要做到这一点，获得委任的议员要切实把握好自己的角色定位，而且行政长官的委任行为要充分体现这一客观要求。

就目前来讲，委任工作的有些信息公布得还不够充分，居民对相关工作的了解和监督也无从入手，因此也有必要在不影响行政长官行使相关职权的前提下增强工作的透明度，发挥市民的监督作用，从而增强社会对委任议员制度的认受性。

---

① 《安提瓜和巴布达宪法》第 28 条。

第八章 对完善澳门立法会产生办法的思考

澳门特别行政区立法会由直选议员、间选议员、委任议员三部分构成的产生办法，是在澳门特定的历史环境下逐步形成的，它吸收了西方民主政治理论和实践的很多合理成分，经历了澳门历史环境的多年锤炼，在此基础上由《澳门基本法》加以确立。这一产生办法总体上符合澳门实际，但前述的各种问题亦需认真加以解决，使之不断完善。完善澳门立法会产生办法应当遵循《澳门基本法》的规定，以科学的态度来审视澳门立法会产生办法实践中的利弊，扎实推进相关制度的改进与完善。

一 坚持基本法规定的原则和方向

（一）政制发展和民主建设的两个层次

澳门特别行政区的政制发展和民主建设包括两个层次：一是《澳门基本法》及其附件一和附件二对特别行政区行政长官和立法会产生办法的规定，这是宪制性规定；二是澳门特别行政区本地的选举制度，包括《澳门特别行政区选民登记法》、《澳门特别行政区行政长官选举法》和《澳门特别行政区立法会选举法》，这些特别行政区的法律是依据基本法所制定的选举操作层面的制度和方法。因此，澳门特别行政区的政制发展和民主建设在立法会方面，概括地讲，包含两个层次：一是对《澳门基本法》和基本法附件二的修改；二是对澳门本地制定的《澳门特别行政区立法会选举法》的修改。

《澳门基本法》及其附件二是立法会选举法的上位法，立法会选举法是《澳门基本法》及其附件二的下位法。下位法必须在上位法提供的框架下进行修改。这里有两种情况，一种是上位法修改后，下位法与其不一致的内容必须随后修改；另一种是上位法没有修改，下位法可以在不抵触上位法的前提下进行修改。2001 年澳门立法会选举法制定和实施后进行了两次修改，一次是在 2008 年，另一次是在 2012 年。其中，2008 年的修改是在基本法附件二没有修改的情况下进行的，而 2012 年的修改则是在《澳门基本法》附件二修改后对立法会选举法进行的修改。2016 年特别行政区政府提出对立法会选举法进行修改则是在附件二没有变动的情况下进行的。这些都属于澳门特别行政区政制发展和民主政治建设的内容。

（二）坚持基本法规定的原则和方向

直接选举、间接选举和委任各有其不同的功能和意义。回归后，澳门的民主政治一步步向前发展。按照《澳门基本法》附件二和 2012 年全国人大常委会《决定》的精神，澳门特别行政区立法会议员从 23 人逐步增加到 27 人、29 人、33 人，同时选举产生议员的比例也在逐步上升（见表 8 - 1）。第二届立法会中，直选议员和间选议员各增加 2 名，委任议员数额不变；第三届及以后各届立法会中，新增加的 2 名议员全部为直选议员；2012 年，经全国人大常委会批准，修改后的《澳门基本法》附件二规定，第五届及以后各届立法会中，直接选议员和间选议员各增加 2 名，委任议员数额不变。从这些变化中可以看到，一是澳门立法会选举产生的议员在逐步增多而且直选议员增加的比例大于间选议员增加的比例；二是委任议员的比例相应下降，但是这种下降并不是通过直接减少议员数额的方式来实现的，而是通过在增加选举议员的过程中不增加委任议员的方式实现的。它反映了澳门政制发展的原则和方向，即在立法会产生办法中逐步扩大选举成分并更多地扩大直接选举的成分，但其进程是以澳门的实际为出发点，循序渐进，一步步来实现的。

近些年来，澳门社会一直有要求改进立法会产生办法的呼声，特别是在全国人大常委会做出对香港"双普选"的具体安排后，这种呼声更为多元。有的要求澳门也效仿香港实行"双普选"，但社会舆论认为这不符合澳门基

表 8-1 澳门回归后历届立法会议员的连任情况

届别	议员数(人)			所占比例(%)	
	议员总数	连任议员数	非连任议员数	连任议员所占比例	非连任议员所占比例
2001 年第二届	27	19	8	70.4	29.6
2005 年第三届	29	19	10	65.5	34.5
2009 年第四届	29	17	12	58.6	41.4
2013 年第五届	33	24	9	72.7	27.3

资料来源：澳门特别行政区立法会选举网站。

本法的规定，这种声音逐步减弱；有的认为，应当继续减少委任议员的比例，增加选举产生议员的议席；有的认为，应当取消间接选举，议员完全由直接选举产生。应当说，从不同的视角看，这些意见都有各自的道理，对讨论未来澳门政制发展问题都有参考价值。但是就目前的情况来讲，澳门立法会产生办法仍有继续保持现行议员由直接选举、间接选举和委任三种形式产生的必要，并且当前的重点不应放在调整相互比例关系上，而应放在完善各项具体制度上。

从直接选举制度看，目前存在的错位代表性、政治选择与情感因素交织甚至贿选问题屡禁不止，都是与目前澳门的选举基础有关系的。澳门的选举是以社团为基础的选举，不同于一般以政党或政治性社团为基础的选举。在以政党为基础的选举中，政党作为"选举机器"，其党纲包含着组织目标、意识形态与政策主张等内容，政党通过党纲透露出的强烈利益代表性与政治倾向性获得党员认同，从而驱使党员在选举投票中支持本党候选人。与政党不同的是，社团并不具有强烈的利益代表性，其会员的联系纽带与凝聚基础是多元的。例如，以趣缘为纽带联结会员的社团属于趣缘性社团，如各种兴趣性组织，体育会也可归入此类；以业缘为纽带联结会员的社团属业缘性社团，如行业协会、专业协会；以地缘或乡缘为联系会员纽带的属乡缘社团，如各种同乡会；以学缘为联系纽带的社团属学缘性社团，如各种同学会等。这些社团组织有的仅具有微弱的利益代表性，有的基本不具有利益代表性，甚至在某种程度上，有的社团其内部成员的利益还处于冲突状态，然而通过地缘关系、业缘关系等，即使是利益对立的各方，仍然能够同为一体，并在某些方面形成相互依存的关系，和谐相处。由于澳门没有政党，政治性社团也极少，因此参选工作是由社团承担的，在选举中出现社团"拟政党化"现象。

从回归以来几次立法会直接选举的实践看，同乡组织的选举动员能力不容小觑。从性质上讲，乡族类社团属于庇护性组织。在庇护性组织中，团体领袖与团体成员建立的是庇护与被庇护关系，领导者以其拥有的地位与资源向团体成员提供某种庇护或便利（优惠）从而换取忠诚与支持乡族类社团的内部机制，使其在竞选活动中释放出超强的动员能力。[①] 但是，一般说来，在利益分化剧烈的现代社会，随着个人自主性增强，乡族类社团的庇护功能会逐渐消退，现代性的缺乏既影响其凝聚力，又不断削弱其生存基础，最终难免使其蜕变为联谊性组织。[②] 目前澳门社团正处于蜕变过程中。由于这种蜕变，社团的利益代表性可能会更加细化。但是也必须看到，在澳门，社团的"拟政党化"将会长期存在，社团的蜕变也将是一个长期过程。在这样一个过程中，过急地扩大直接选举的比重，显然不仅难以提高选举质量，而且会影响社团变革的正常走向。因此，从推进澳门民主政治稳步发展、夯实民主基础的角度讲，目前宜保持现有立法会选举中直接选举的比重，而不是过快地扩大。

从间接选举制度看，目前间接选举中存在的竞争性不足、间接当选议员固化等问题比较明显，这些没有很好体现间接制度设计的初衷。但是间接选举实践中出现的问题并不能否定这一制度的科学性。从大道理讲，把民主简单地理解为仅仅是"一人一票、票票等值"的直接选举是不严谨的。按照美国经济学家熊彼特的描述，那把一切事物寄托于直接选举体制者，其只有在特定的前提下才能真正地达至目标。这些前提包括：①假设全体选民都具有相同的社会特质，一致具备民主制度所要求之条件；②人民之政治行为是理性的，且具备丰富的政治知识；对每项政策皆有理性意见，且试图透过民意代表监督其意见是否被政府执行；③人民有强烈的参政动机，且积极参政；④选民会根据某些原则理性投票；⑤借积极参与公共事务祛除私欲，重视公益。他把这种想象中的理想状态称为古典民主，指出现实中只可能出现经验民主，即人们在民主实践中所面临的现实是：①多数公民对政治并无兴趣，不具备丰富的政治知识，也不会积极参与政治，且对政治并无影响力，权力主要是掌握在精英手中；②民主政治不需要高度的政治参与，适度参与

---

① 娄胜华：《错位代表性及其根源分析——以澳门特区第五届立法会选举为中心》，《当代港澳研究》第12辑，2012，第114页。

② 娄胜华：《错位代表性及其根源分析——以澳门特区第五届立法会选举为中心》，《当代港澳研究》第12辑，2012，第115页。

有助于维持参与和服从两种角色之平衡，为使官员对人民负责，民众应透过投票选择官员；③维持沟通管道有助于促使官员重视民意，确保民众对政治体系之掌握；④高度的政治参与使社会关系政治化，对社会反而有害；⑤适度的政治参与使精英有责任确保民主宪政之成功运作，精英必须遵守民主规范与竞赛规则；⑥民众适度地参与政治，能防止精英滥权。① 这些分析和判断贴合澳门社会的情况，因此澳门的选举制度既要发挥直接选举的积极作用，以便让民众的参政议政欲望得到充分发挥，又要引入间接选举机制，去防止和制约在民众多数取决中时常出现的民粹主义倾向、金权政治和舆论渲染导致民众不理智的情况，是一个恰当的选择。

澳门立法会间接选举制度是在特定的历史条件下形成的，在很大程度上具有职业代表制的特征，这种曾经流行于 19 世纪后期的重要代议制形式，其突出内容就是界定社会中的特定职业或行业团体并由其将代议代表选举出来。而将职业代表制和地域代表制相结合，可以增加代议机构的专业能力和职业代表性，求得和实现各种利益的尊重和平衡。② 澳门立法会间接选举制度有助于保证对澳门社会有重要意义的团体和界别在特别行政区立法会的存在，实现各社会阶层、各职业团体对澳门公共政治的均衡参与。譬如，工商界在澳门保持原有资本主义制度长期不变的前提下对社会政治进步和经济繁荣发展有至关重要的作用，其在特别行政区公共决策形成过程中的法定参与是不可或缺的；劳工界直接创造财富和服务社会，力拒贫富分化的经济趋势，代表广大雇员阶层的多数利益，也是不容削弱的；专业界作为中产阶级栖身的重要界别，对缓和社会矛盾、平衡对立的利益纷争具有重要意义；社会服务、文化、教育和体育界则是维持一个社会持续发展的重要支撑力量。保证对澳门社会繁荣稳定、持续发展有重要作用的界别的代表，有法定的管道进入立法会，不受其他力量的左右，是确保特别行政区立法会代表性、认受性的重要因素。③ 因此，对于在澳门曾经长期沿用并行之有效、已久为广大民众所熟悉和认同的间接选举传统，不宜取消。

---

① 〔美〕约瑟夫·熊彼特：《资本主义、社会主义与民主》，吴良健译，商务印书馆，1999，第 21 章 "民主政治的古典学说" 和第 22 章 "民主的另一个理论"。

② 〔法〕莱昂·狄骥：《宪法学教程》，王文利等译，辽海出版社、春风文艺出版社，1999，第 148 页。

③ 许昌：《论澳门特区立法会间选制度设计及其完善方向》，《港澳研究》2014 年春季号，第 18～19 页。

委任制度由于是基本法所规定的制度，其政治意义自不必说，其技术需要改进完善之处也远远少于直接选举制度和间接选举制度。因此，总的来说，目前既要看到澳门立法会选举制度和委任制度中存在的问题，又要充分看到澳门立法会选举制度和委任制度的历史形成过程与现今仍然存在的必要性，从基本法的立法精神和澳门的实际出发，不是急于对直选、间选和委任的比例关系进行调整，而是将注意力放在对各项制度的具体改进和完善方面。

二 统筹兼顾，稳步推进各项具体制度的改进完善

澳门的立法会选举制度和委任制度并不是一张白纸，而是有一套运行多年的体系，这样的改进完善只有兼顾各方面的利益和认识能力，才能平稳进行，收到实效。所谓统筹兼顾，就是既要考虑现行制度的形成过程，考虑社会各方面的理解惯性，又要考虑澳门民主政治发展的实际需要；既要考虑长远发展方向，又要考虑当下所必须解决的突出问题；既要考虑某项制度的改进需求，又要考虑其对其他制度的影响，统筹兼顾，推进直接选举制度、间接选举制度、委任制度的改进和完善。

（一）直接选举制度的完善

完善澳门立法会直接选举制度，重点应在增强选举的公正性方面，包括代表性的公平性和选举过程的公平性。

1. 推进选团改革

按照选举法律规定，参加澳门立法会直接选举的选团有两种，一种是政治性社团，另一种是由 300～500 名自然人选民组成的提名委员会，这种提名委员会的背后实际是社团。由于目前澳门尚未有政治性社团组团参选，因此说目前澳门的选举实际上是以社团为载体的选举。尽管社团参与这种形式已为社会广泛接受，社团内部跨阶层的利益代表形式也有其历史发展的必然性，包括在澳葡时期工商界就曾与社会基层联手维护国家和民族利益、抵抗殖民统治；一些乡族类社团中有工商背景的领军人物本身就是从基层打拼出来，逐步成为工商阶层的。但是在民主发展过程中，"庇护性组织"逐步减少，阶层和利益界别出现细分是不可逆转的趋势，参选社团的利益代表性将趋于精准化，并更多地体现阶层的特性，一些居民在选举

中所谓"被代表"的现象将在这一变革中得到改变。2008 年新修订的《澳门特别行政区选举登记法》将法人选民资格由原来的社团成立 3 年提升到社团成立 7 年，并且规定了一系列对其活动报告的要求，客观上顺应了这一潮流，体现了参加选举的社团应当较其他社团有严密的组织性并有承担更多社会责任的能力的要求。虽然这项规定主要规范的是间接选举，但对直接选举制度的完善有借鉴意义。出于加强对立法会直接选举管理的现实要求，可考虑要求参加候选人提名和参加助选的社团进行申报，且这些社团必须具有法人选民资格。未经申报的社团不得从事与选举相关的活动。申报社团的行为视为选举行为，须接受选举管理委员会的规管。作为非社团组织的公共机构、媒体、学校、企业等均须在选举中保持中立，不得参加任何组别的宣传、助选活动。针对一些社团已经存在选举相关工作恒常化的现象，选举提名委员会可增加所依托社团的登记内容；对于已登记的选团依托的社团，在选举提名委员会解散后，仍可有配合和支持当选议员和拟参选人的活动，但在非竞选期不得进行竞选性活动。

2. 探讨细分选区

澳门目前实行的改良的汉狄比例代表制，是建立在以整个澳门作为单一选区的基础上的，即在一个选区内产生 14 名直选议员。通常情况下，选区越大，选举产生的议员在准确代表性方面越弱。14 名议员从一个选区中产生，即使是当选议员，也未必可能知道自己的选民在哪里，议员的准确代表性因而被削弱了。这种超大选区是现行选举制度中影响准确代表性的制度性因素。[①]

重新划分选区是一个有探讨空间的问题。如果与 1976 年开始实行立法会直接选举时相比，如今澳门的人口总数、选民规模、议席数量都出现了较大增长，对此，澳门社会已出现一些讨论意见。如一种意见认为，可考虑将澳门划分为 14 个选区，每一选区选举 1 名议员，同时将目前"选组"方式的比例代表制一并改为"选人不选组"的多数制。这一方案改动较大，工程较大，多数居民可能难以适应。事实上，如果将澳门划分为多个选区，每一选区的议席就会减少，一个选团获得多个议席的难度较目前进一步加大，

---

① 娄胜华：《错位代表性及其根源分析——以澳门特区第五届立法会选举为中心》，《当代港澳研究》第 12 辑，2012，第 117 页。

是否改变比例代表制就不那么紧要了。也有意见认为，分区可参考传统的天主教堂区划分，包括澳门半岛的圣老愣佐堂、大堂、望德堂、圣安多尼堂、花地玛堂 5 个区，再加上氹仔、路环两个海岛投票区，可以直接划为 6 个选区，或者将澳门半岛的 5 个投票区重新划分为北区、中区、南区 3 个选区，再加上由氹仔与路环合并而成的 1 个选区，全澳门共有 4 个选区。还有意见认为可考虑将澳门半岛划分为两个选区，将氹仔与路环划为一个选区，这样更利于按人口分布比例分配议席。总之，无论哪一种方案，其基本内涵都是一致的，就是通过划分选区促进参选社团和参选人更密切地贴近选民，以进一步增强当选人的社会代表性。当然，这一改革会给目前社团的建构和活动方式带来一定的影响甚至是冲击，因此，应当在充分酝酿的基础上展开充分的社会讨论，在形成较为广泛社会共识的基础上加以推进。

3. 加强监管

第五届立法会选举管理委员会在对这一届选举的总结报告中指出了这次选举中出现的问题，并提出了一些改进工作的意见。2016 年，澳门特别行政区立法会对第 3/2001 号法律《澳门特别行政区立法会选举制度》进行修改，这是解决当前选举中存在的突出问题的重要举措。当前，一方面要进一步营造公平竞争的环境，特别是为选团的选举宣传提供更为宽松的环境；另一方面则要采取措施阻止影响公平竞争的行为，认真贯彻有关法律规定，始终对贿选行为保持高压态势，努力减少疑似贿选的行为。针对网络传播方面存在的问题，要制定必要的规定，坚持阻止利用网络进行"偷步宣传"和造谣生事、抹黑攻击他人等干扰选举秩序的行为。同时，针对目前一些选团事实上将选举事务"恒常化"的情况，可根据选举事务管理的需要，拉长选举管理委员会的工作时间，或将选举管理委员会的工作"恒常化"。

（二） 对间接选举制度的完善

完善立法会间接选举制度，当前重点应在增强间接选举的竞争性方面。这里涉及多方面的基础性工作，应当认真研究论证，并形成一些具体措施。

1. 进一步完善确认法人选民基础

对于社团成为具有选举资格的法人，澳门相关法律有一系列规定，包括法人须透过向特别行政区政府行政公职局递交登记申请书办理选民登记；申请书须适当填写，并由有权做出有关行为的代表签署，且须附有获确认为代表有关社会利益的法人的证明文件。[1]《澳门特别行政区选民登记法》还规定，确认界别属行政长官权限，该确认是由行政长官就不同个案在听取不同实体所提供的意见后做出。该法同时还规定，法定确认界别资格时需要提交以下文件：①代表的身份证明文件副本；②由身份证明局发出的证明有关社团或组织已做登记的证明书；③在《澳门特别行政区公报》上公布的社团或组织的章程的副本；④章程规定具权限的机关的会议记录副本，其内须载明该社团或组织做选民登记的决议和为此指定的代表。2008年修订后的《澳门特别行政区选民登记法》还增加了新的规定，如确认法人界别申请文件中应包括"法人机关据位人名单的证明"，"行政长官经听取各负责实体的意见后，须以批示订定及公布确认法人属于相关界别的评审准则，如修改准则亦须重新公布"（第31条第4款）。此后，行政长官陆续颁布了相关界别划分的标准（见表8-2）。应当说，目前特别行政区在确认法人选民的程序上是较为严谨的，但是由于成立社团的条件比较宽松，加之澳门的专业制度尚未完全建立，因此社团的情况较为复杂，有些社团在界别确认上就容易出现交错的情况。

表8-2　有关法人选民界别划分标准

界别	对社团性质的要求	对社团成员资格的要求
社会服务界	宗旨为推动和展开社会服务或活动	未做具体规定
文化界	宗旨和性质须与文化具有直接相关性	法人机关在职领导成员的选举及向身份局的登记数目均应符合其章程的规定
专业界	其宗旨须以维护和促进会员的集体利益为目的,并为所属专业界别争取合理权益	章程须指出其会员的组成须具有章程所指专业的相同学科的大专及以上学历,又或具有章程所指相同专业技能资历,且须从事与该学历或专业有关的职业且为相关界别争取合理权益
教育界	宗旨和性质与教育界别相符	领导成员（正副会长和理事长）应包括教育领域的专家、学者或教育工作者

资料来源：第284/2012号、第52/2013号、第53/2013号行政长官批示。

在专业制度尚未完全建立起来的时候，文化、教育和专业界事实上存在交叉重复，社会服务界涵盖的范围则十分宽泛，家长会之类的也被列入教育

---

[1]　澳门特别行政区第12/2000号法律《澳门特别行政区选民登记法》第28条。

界，一些行业协会（如冷气从业员协会之类）也被列入专业界。因此，为适应选举的要求，应进一步加强对社团的管理，加快确定专业制度步伐，细化界别分类，并逐步将联谊性社团与服务性社团区别开来，确保法人选民成员必须与本界别有实质性联系，从而为法人间的竞争搭建合理的平台。

2. 进一步科学划分界别

澳门立法会间接选举的界别划分是以职业代表性为基础的，从职业代表性角度来讲，几个界别大的分类总体上体现了澳门社会结构的特点，但随着澳门经济的快速发展和由此带来的社会结构的变化，一些界别在界别中体现不明显的问题也反映出来。近些年来，关于如何划分界别的讨论在社会上时有出现，有的认为，可新增一些界别，对现有的的议员分配比例做出调整，以体现变化了的社会新结构；有的认为，对间接选举的界别划分大的分类不宜改变，可对有些界别再做些细分；也有的认为，可考虑根据 12 个议席将界别划分为 12 个，每个界别各有 1 个议席，从而体现间接选举的广泛代表性。从各方面的意见和选举实践来看，对界别的适当拆分是必要的，但另起炉灶重新划分不切合澳门的实际，划得过细，分为 12 个界别，每个界别有1 个议席，这既没有体现基本法的精神，也缺乏必要的包容性，因为澳门社会事实上不是 12 个界别就可以概括的，而且各个界别也是不均等的。目前澳门立法会间接选举的界别划分是与行政长官选举委员会的界别划分相呼应的，行政长官选委会分为 4 个界别，分别是工商、金融界，文化、体育、专业界，劳工、社会服务、宗教界和政界。抛开其中的政界和宗教界，从职业代表性上讲，实际是工商、金融、文化、教育、专业、劳工、社会服务 7 个界别，这与立法会间接选举的界别分类是大体一致的。立法会间接选举原划分为 4 个界别，是将工商和金融合为一个界别，将文化、教育、社会服务界另加一个体育界合为一个界别，劳工界、专业界各为一个界别。2012 年在修改立法会产生办法的过程中，间选议席增加 2 个，实际是在专业界和文化、教育、体育、社会服务界各增加 1 个名额，然后将文化、教育、体育、社会服务界拆分为教育、社会服务界和文化、体育界两个界别，并没有打破原有的界别划分的大格局。目前进行界别调整还是应参照上述办法，以适当拆分为主，通过对一些界别的拆分，并适当细分一些界别来适应变化的形势。比如，对工商、金融界和文化、体育界均可考虑进行拆分，在拆分中亦可考虑对工商、金融加以调整，充实旅游服务业等。但目前亦不宜将每一组别均进行拆分，如专业界目前虽有 3 个议席，但其界别内的法人选民并不均衡，在法人选民不均衡的情况下，过早拆分也不利于选举的正常进行。总之，立法会间接选举应体现均衡参与的原则，在尊重习惯、保持原有制度特点的基础上，为增加选举的公平性和竞争性创造条件。

3. 进一步扩大参与机会

2012 年，特别行政区在处理政制发展问题过程中结合落实全国人大常委会关于修改澳门特别行政区两个产生办法的决定，一并修订了澳门本地选举法律，对《澳门特别行政区立法会选举法》做了三项重要修改，一是"降低候选名单提名门槛"，将获得提名委员会提名的门槛由占本界别法人选民总数的 25% 降低至 20%，以提高竞争性；二是"扩大法人选民的投票人数"，即将现行规定的每个法人选民（社团）中的投票人（11 人）扩大一倍，至 22 人，以提高参与性；三是检讨"自动当选"机制，即将在本界别选举中若只有一张候选名单则无须投票改为单一名单仍需要投票，以体现选举的完整性。虽然这些修订收到了一定成效，但是选举提名中各界别均为一张候选人名单的局面并未改变，说明制约间接选举竞争性的关卡尚未被有效拆除，因此需要进一步改革。对此，社会上有种种想法和意见，有的认为，在选举提名方面应进一步降低门槛，以便能让更多的人参与竞争；有的则认为，应探讨在界别内实行"一人一票"，以体现扩大民主。在界别内实行"一人一票"，实际上带有界别内直接选举的特征，它与澳门历史上形成的间接选举制度的价值取向不完全一致，社会上对此难以有充分的共识。另外，"一人一票"所探讨的是投票环节的问题，并未解决提名时的单一名单问题。因此，宜从提名环节来思考解决问题的路径。目前间接选举的提名门槛是界别内法人总数的 20%，从选择优秀人才的角度看，候选人相对集中是一个优等选择，回归前澳葡时期的间接选举提名门槛为 5 个社团，当时社团比现在少得多，如果按百分比计算的话，有些界别不比现在低。因此，可考虑在保持目前界别内法人总数 20% 门槛下限的基础上也给其他人留出参与机会，这样有利于在保证候选人相对集中的同时又使选举具有应有的竞争性。

2012 年修订的《澳门特别行政区立法会选举法》规定，每一法人选民（社团）的投票人由原来的 11 人增加至 22 人，但是在 2013 年立法会间接选举中，每一法人选民（社团）的实际投票人平均不到 10 人，对此也有人提出质疑，认为这一改革方案并未有效激发法人选民的投票热情。事实上，澳门社团的规模大小差异很大，大的有几千人，小的仅有几人、十几人，历史上形成的社团无论大小，其法人选民均享有平等的权利，投票人数亦相同，而扩大之后，一些小的社团符合作为社会领导层的人数并达不到22人，因此计算总投票人时数字就会少一些，这一点并不能说明法人选民的投票热情不高，在当下暂不必再做改动。

（三）对委任制度的完善

完善委任立法会部分议员的制度，当前重点应在增强这项工作的规范性和透明度，进而增强社会对委任议员的社会认受性。

1. 侧重委任面

行政长官委任部分议员，与通过直接选举、间接选举产生议员是一个整体，作为补充选举之不足的制度安排，客观上要与直接选举、间接选举形成有机的衔接。从间接选举的界别设定上可见，间接选举所追求的目标在于保障各阶层各界别的均衡参与，并通过将议席具体分配到各法定界别的方式，由界别内的选举来实现这一目标。实际上，促进和保障均衡参与是整个立法会产生办法所追求的重要目标，委任部分议员同样是实现这一目标的手段。既然如此，间接选举的界别划分则应侧重职业代表性，委任则应在侧重点上有所区别，从澳门的特殊社会结构和补充选举的不足、吸纳培养人才、促进行政主导的政治体制良好运作的现实需要出发，行政长官的委任应当更侧重于从族群结构、年龄结构、性别结构和专业结构等方面来考虑，这也是这一制度的内在要求。目前，对专业人士特别是法律和经济方面人士的委任较为集中，对族群平衡、年龄平衡和性别平衡方面亦有所考虑，但随着社会结构的变化和选举竞争的日益激烈，委任青年等方面的需求可能会比以往更为突出，因此委任工作需要对此高度重视。

2. 增加透明度

澳葡时期对总督委任议员有明确且公开的标准，回归后，按照《澳门基本法》和澳门本地法律的相关规定，对获委任议员的政治标准和业务能力标准的规定，事实上也是清晰的。但是目前对这些标准尚没有形成条文性规范，因此它对社会的引导性和对市民参与监督的度量性均不够，可考虑以适当的方式梳理公布的相关标准。另外，委任部分议员虽然是行政长官的专属权力，在运作过程中各方面不得干预，但委任的议员与由选举产生的议员承担着同样的责任，所代表的都是澳门社会的整体利益，委任议员同样是广大居民利益的代表和代言人，因此行政长官在委任部分议员之后，需要向社会介绍这些获委任议员的长处和委任的理由，以便于居民与之联系，反映市民的意见和呼声，由此也可以让社会对行政长官的委任加以监督。

3. 完善辅助机制

委任部分议员的工作是一项重要的人事安排工作，它要充分考虑立法会直选和间选的结果，同时需要统筹考虑特别行政区政府及相关机构的人事布局，特别是在未来选举竞争日益激烈，选举结果变量增多的情况下，许多工作要有更加细致的准备，并要有多套应对方案，因此需要有较为规范的作业机制。鉴于社会对立法会议员工作的关注度不断提高和议员的工作难度不断加大，对委任议员的事前考察工作也需要做得更加具体细致，因此需要有必要的考察和听取意见的机制，在相关工作保密的前提下，更多地听取各方面的意见，以保证委任结果获得最大多数市民的认同。同时，对委任议员的工作情况也需要跟踪观察，虽然行政长官没有罢免委任议员的权力，但一届议员委任得如何，对下一届是有参考和借鉴意义的，因此跟踪总结机制也应当建立起来。

（四）营造有利于制度运作的社会环境

落实基本法规定的澳门特别行政区立法会产生办法，做好立法会选举和部分议员的委任工作，起基础性和决定性作用的是完善制度，发挥制度功效。但是，作为居民政治参与和行政长官履行高度自治权力的一种重要形式，其对非制度性因素的影响同样不可忽视，其中一些工作还需要经常进行，只有这样才能营造出有利于相关制度实施的良好社会环境。

1. 广泛深入宣传推广基本法

澳门特别行政区立法会产生办法是特别行政区制度的一部分，也是特别行政区管理制度的重要组成部分，其法理依据是《澳门基本法》，因此深入学习理解基本法，就可以更准确地理解和把握澳门特别行政区立法会产生办法的特点及其科学性、合理性。澳门社会各方面在大力宣传推广基本法的过程中，应将立法会产生办法作为一项内容加以宣传介绍，回答广大居民关心或存有疑虑的问题；对相关制度实施中遇到的问题，则要注意多从基本法的角度加以解释和说明；对一些恶意攻击否定基本法规定的制度的言论，要及时给予批评和拨正，使广大居民对"一国两制"充满信心，对基本法规定的澳门立法会产生办法充满信心。

2. 不断提高居民素质

立法会产生办法最后落脚在选民上，这样的选择是通过广大选民共同参与来实现的。选举是居民履行国家宪法和基本法赋予的政治权利的一种形式和途径，通过选举，广大居民可以不断提升当家做主的意识，不断提升选择政治代言人的能力和水平。由于澳门在历史上长期处于殖民统治之下，一些人至今对政治参与热情不高，也有些人自觉不自觉地将商业规则用于政治选举，影响了居民政治权利的正常行使。因此，应当切实加强公民意识教育，特别要结合选举活动，将这种教育推广到各个选团和众多市民之中，并将相关教育引入学校，让青年一代从学校就开始树立良好的公民意识；要将惩治与教育有机结合起来，通过严厉打击贿选、恶意攻击他人、违法投票等违法和不正当行为，树立良好的选举风气，保证每一位居民都能正常行使民主权利。

3. 防范和阻止外部势力的干扰

澳门特别行政区立法会的产生办法不同于香港，它是在历史中形成的，也是为基本法所确认的。实践证明，澳门立法会产生办法包括直接选举制度、间接选举制度和委任制度，符合澳门的实际，有利于保持澳门特别行政区基本政治制度的稳定，有利于行政主导政治体制的有效运作，有利于兼顾澳门社会各阶层各界别的利益，有利于保持澳门的长期繁荣稳定和发展。但是，从近些年来澳门的选举情况看，外部势力干预甚至插手澳门选举事务的活动有不断加剧的势头，他们不仅借澳门的选举来传播西方的所谓"民主思想"，推销香港、台湾地区的一些激进选举手法，还对某些选团给予物质和技术上的支持，诱导澳门的选举向街头政治、激进对抗的方向发展，特别是在网络传播手段日益发达的环境下，他们的干扰行为更为嚣张。街头政治、激进对抗式的民主，不仅不利于澳门的稳定发展，而且与澳门社会长期形成的包括守望相助的和谐文化传统和价值观背道而驰，因此必须加以防范和抵制。要完善选举管理机制，加强政府相关部门的协同，通过法律手段严厉打击干扰澳门选举、破坏澳门社会秩序的行为，并以此教育市民，使其提高警惕性，共同来维护澳门良好的社会环境，保证立法会选举和行政长官委任工作顺利进行，促进澳门长期繁荣、稳定和发展。

澳门研究丛书书目

澳门人文社会科学研究文选

社会卷	程惕洁／主编
行政卷	娄胜华／主编
政治卷	余　振　林　媛／主编
法律卷	赵国强／主编
基本法卷	骆伟建　王　禹／主编
经济卷	杨允中／主编
教育卷	单文经　林发钦／主编
语言翻译卷	程祥徽／主编
文学卷	李观鼎／主编
文化艺术卷	龚　刚／主编
历史卷	吴志良　林发钦　何志辉／主编
综合卷	吴志良　陈震宇／主编

新秩序	娄胜华　潘冠瑾　林媛／著
澳门土生葡人的宗教信仰	霍志钊／著
明清澳门涉外法律研究	王巨新　王　欣／著
珠海、澳门与近代中西文化交流	珠海市委宣传部　等／主编
澳门博彩产业竞争力研究	阮建中／著
澳门社团体制变迁	潘冠瑾／著
澳门法律新论	刘高龙　赵国强／主编
韦卓民与中西方文化交流	珠海市委宣传部　等／主编

澳门中文新诗发展史研究（1938～2008）

吕志鹏／著

现代澳门社会治理模式研究　　　　　陈震宇／著

赃款赃物跨境移交、私营贿赂及毒品犯罪研究

赵秉志　赵国强／主编

近现当代传媒与港澳台文学经验　　　朱寿桐　黎湘萍／主编

一国两制与澳门特区制度建设　　　　冷铁勋／著

澳门特区社会服务管理改革研究　　　高炳坤／著

一国两制与澳门治理民主化　　　　　庞嘉颖／著

一国两制下澳门产业结构优化　　　　谢四德／著

澳门人文社会科学研究文选（2008～2011）（上中下）

《澳门人文社会科学研究文选

（2008～2011）》编委会／编

澳门土地法改革研究　　　　　　　　陈家辉／著

澳门行政法规的困境与出路　　　　　何志远／著

个人资料的法律保护　　　　　　　　陈海帆　赵国强／主编

澳门出土明代青花瓷器研究　　　　　马锦强／著

动荡年代　　　　　　　　　　　　　黄鸿钊／编著

当代刑法的理论与实践　　　赵秉志　赵国强　张丽卿　傅华伶／主编

澳门行政主导体制研究　　　　　　　刘　倩／著

转型时期的澳门政治精英　　　　　　蔡永君／著

澳门基本法与澳门特别行政区法治研究　蒋朝阳／著

澳门民事诉讼制度改革研究　　　　　黎晓平　蔡肖文／著

澳门人文社会科学研究文选（2012～2014）（上中下）

《澳门人文社会科学研究文选

（2012～2014）》编委会／编

图书在版编目（CIP）数据

澳门特别行政区立法会产生办法研究／王禹，沈然
著 . －－北京：社会科学文献出版社，2017.7
（澳门研究丛书）
ISBN 978 - 7 - 5201 - 0290 - 2

Ⅰ.①澳… Ⅱ.①王… ②沈… Ⅲ.①立法 - 组织机
构 - 研究 - 澳门 Ⅳ.①D927.659.019

中国版本图书馆 CIP 数据核字（2017）第 147935 号

·澳门研究丛书·

澳门特别行政区立法会产生办法研究

著　　者／王　禹　沈　然

出 版 人／谢寿光
项目统筹／高明秀　王晓卿
责任编辑／王晓卿　肖世伟　马甜甜

出　　版／社会科学文献出版社·当代世界出版分社（010）59367004
　　　　　　地址：北京市北三环中路甲 29 号院华龙大厦　邮编：100029
　　　　　　网址：www.ssap.com.cn
发　　行／市场营销中心（010）59367081　59367018
印　　装／北京季蜂印刷有限公司

规　　格／开　本：787mm × 1092mm　1/16
　　　　　　印　张：10.25　字　数：171 千字
版　　次／2017 年 7 月第 1 版　2017 年 7 月第 1 次印刷
书　　号／ISBN 978 - 7 - 5201 - 0290 - 2
定　　价／59.00 元